基于多元数字技术的网络空间参与式归档研究

周文泓 ◎ 著

四川大学出版社

图书在版编目（CIP）数据

基于多元数字技术的网络空间参与式归档研究 / 周文泓著．— 成都：四川大学出版社，2023.12
ISBN 978-7-5690-6534-3

Ⅰ．①基… Ⅱ．①周… Ⅲ．①数字技术－应用－档案管理－研究 Ⅳ．① G270.7

中国国家版本馆 CIP 数据核字（2024）第 010127 号

书　　名：基于多元数字技术的网络空间参与式归档研究
　　　　　Jiyu Duoyuan Shuzi Jishu de Wangluo Kongjian Canyushi Guidang Yanjiu
著　　者：周文泓

选题策划：梁　平
责任编辑：梁　平
责任校对：李　梅
装帧设计：裴菊红
责任印制：王　炜

出版发行：四川大学出版社有限责任公司
　　　　　地址：成都市一环路南一段 24 号（610065）
　　　　　电话：（028）85408311（发行部）、85400276（总编室）
　　　　　电子邮箱：scupress@vip.163.com
　　　　　网址：https://press.scu.edu.cn
印前制作：四川胜翔数码印务设计有限公司
印刷装订：成都市新都华兴印务有限公司

成品尺寸：170mm×240mm
印　　张：10.5
字　　数：233 千字

版　　次：2024 年 2 月 第 1 版
印　　次：2024 年 2 月 第 1 次印刷
定　　价：68.00 元

本社图书如有印装质量问题，请联系发行部调换

版权所有 ◆ 侵权必究

扫码获取数字资源

四川大学出版社
微信公众号

前　言

　　社会组织、机构、社群和个人广泛应用社交媒体、协作平台、云服务等，相应形成的"虚拟档案库"是网络空间治理的阵地。在倡导网络空间共治的战略背景下，档案领域预测网络空间的档案化管理将会以参与式的社会（社群）范式为主，但目前依然缺乏明确的概念框架与方案。社会治理理论与自组织理论可为此提供启示，帮助人们理解和设计参与式管理方案。同时，前沿数字技术如云计算、大数据、人工智能、区块链聚焦于协同的信息资源管理、挖掘与利用，为实现参与式档案化管理提供了方法与工具支持。

　　因而，本书核心议题逐渐凸显：以网络空间有序治理为目标，立足多元数字技术的应用环境，探讨参与式归档的依据、原则、方法与路径。为探索这一"大问题"或"问题群"，本书的研究思路为：首先，基于社会调查法与案例研究法梳理与解析网络空间的管理现状、不同主体的信息归档需求与实践挑战、档案领域在网络空间归档中的参与程度等；其次，多层次解析以发现基于多元数字技术的网络空间参与式归档的关键构建方向；再次，以文献调查法对国内外相关文献进行述评，基于社会治理与自组织理论提出网络空间参与式归档的理论与方法论框架；最后，采用专家访谈建立网络空间参与式归档的策略层构想。

　　由此，本书从如下方面回应上述问题：

　　从信息视角解析网络空间内涵，呈现网络空间作为档案库所显示的信息归档情境。由信息维度可发现，网络空间中各种社会活动以信息为媒介展开，信息也成为活动产物。在信息不断累积、保管和处置的过程中，日益复杂化的档案库逐渐形成。同时，网络空间作为档案库亦具备其特质，需要建立系统的参与式归档体系以支撑其运行。通过进一步分析可得出，涉及网络空间建构的组织、制度和价值三大核心机制均显示参与性是网络空间的本质属性之一，网络空间的信息复杂性也需要主体能力的协同，网络空间的档案化管理需要体现参与式的特征。

通过理论挖掘与实践解析，参与式的内涵得到全面揭示。一方面，它是指多元主体参与网络空间归档项目并进行协作；另一方面是指各主体在网络空间中展开归档行动并对网络空间的整体归档作出贡献。基于此，既可全面认识全球的网络空间参与式归档实践，也可面向不同参与者展开独立调查。通过实践梳理与分析，逐渐明确网络空间参与式归档体系化建构的现状，并进一步发现优化方向与要点，即尚需重构以参与和归档为核心的概念认知、尚待构建集成的方法框架、尚待落实制度与技术并重的应用体系。

参考自组织理论与社会治理理论，网络空间参与式归档的概念内核可建构为：一方面，归档的概念应向档案化延伸。基于网络的时间维度弱化归档的"节点式"要求，重构归档的时空观；归档应跨越专业门槛实现大众化融合，以应对现实归档活动普及化与联动化的需求；归档可作为方法，其应用对象不限于档案，而可以涵盖更加广阔的信息领地乃至非信息的事物。另一方面，参与的概念应立足社会化进行拓展，呈现为社会网络与个体的相互建构、自组织与他组织的对照融合、由主体展开的多维内容考察。

在理论建构的指导下，基于多元数字技术的网络空间参与式归档可以在方法层面构建适用于各类场景的通用框架，思路如下：首先，设计原则体现为以基于主体参与的整体复杂系统观为指导，以动态进化的体系为认知前提，坚持面向多样化可能的前瞻包容视野，以实现参与行动意义为基准；其次，框架的基本要素体现为具有多重背景的归档情境、多元定位与关联的归档主体、多样化的归档网络信息对象、制度技术并重的归档保障、面向过程的归档方案、多层次的归档结果；最后，预测参与式归档的行动结果为构筑纷繁的归档系统，在主体层引领下体现为信息形成者无意识趋向自主、记忆机构由行动替代到全景统筹、网络平台档案管理属性逐步凸显、社会第三方多元化多层次行动、政策法规制定者从宽泛到专属订立规则、社会利用者从需求反馈到众包参与。

最后，对照网络空间参与式归档通用框架，从技术层设计适用于具体情境的实现策略，这将涉及如下方面：云计算应用方面，强调针对广泛参与主体实现归档管理功能扩展，立足网络空间扩充服务功能，面向多元归档主体进行产品化扩张；区块链应用方面，辅助网络空间参与式归档建立泛在的信息管理空间，融合区块链功能机制充分扩充信息管理功能，为网络空间参与式归档提供体系化支持；人工智能应用方面，关注其应用于网络空间参与式归档中任一主体的各方面、各环节的活动中，以可持续的方式将网络空间参与式归档打造为动态进化的智能信息系统。

　　本书是笔者博士论文的延伸，也是笔者第一次从理论拓展到实践来认识网络空间档案化管理的问题。面对现实中不同的利益相关者，笔者在调研中更加意识到这个选题的魅力。相信在不久的将来，人们在现实中称呼网络信息、网络档案时可以省略"网络"二字。

　　在本书从报告走向专著的过程中，笔者也面临职业生涯的一些变化。从四川大学到中国人民大学，从成都到北京，其间遇到不少困惑与挑战。十分感谢这个过程中遇见的所有人。首先，要感谢四川大学，自由的科研与教学环境、对我大大小小的认可、遇见的最可爱的一群学生，都是我在四川大学收获的财富。真心感谢四川大学公共管理学院以及秘书档案学系的各位老师和领导，每次在学院的遇见都让我无比开怀！也感谢我指导了5年多的学术社团——四川大学未来档案实验室，耿越、代林序、陈怡、张玉洁、杨梓钒、夏俊英、向宇、文传玲、苏依纹、张晓宇、许强宁、贺谭涛、文利君、孟焕、吴琼、黄裕宏、黄小宇、李彦可、邓淼、陈淑涵、黄思诗、郭玉祥、钟瑞玲、田国庆、熊小芳、蒋富芝……这些名字闪耀着创意、进取、勤奋、真诚，给了我作为教师满满的幸福感和动力。其中，本书第3章的成文依赖于代林序、苏依纹、文传玲、张玉洁、贺谭涛、吴琼、李彦可、黄小宇、文利君、向宇收集和整理的大量资料。感谢我的导师冯惠玲教授，她温暖又坚定，在教学、科研、为人方面始终是我的榜样；感谢刘越男教授鼓励我尝试职业和研究上的变化；感谢王健教授，如此信任地将公众号"档案那些事儿"交给我运营；感谢连志英教授百忙中为我的项目开题，在职业发展与科研上都给予我诸多有益意见；感谢梁继红与闫慧教授给予的认可，我倍感珍惜；感谢我的同门祁天娇师妹与新功姐，你们的支持从不缺席；感谢我的大学同学陈婷婷，长期以来耐心倾听我在工作中遇到的种种状况；尤其感谢我的父母和姐姐，我的自由和投入源于你们的大度、包容和成全。

　　档案之路将伴随人类文明的发展持续延伸，我总是担心我跟不上它的发展和世界对它的需求。或许，这也将驱使着我努力去学习、去探索。希望我可以多做一点、做久一些，会有一点点贡献，向未来靠近。这本书便是在这样的进程中，试图努力探寻出、描摹出一些未来档案事业的模样。

目　　录

第1章　引介：基于多元数字技术的网络空间参与式归档探寻路径⋯⋯⋯ 1
 1.1　研究背景 ⋯⋯⋯⋯⋯⋯⋯⋯⋯⋯⋯⋯⋯⋯⋯⋯⋯⋯⋯⋯⋯⋯⋯ 1
 1.2　研究目标与价值 ⋯⋯⋯⋯⋯⋯⋯⋯⋯⋯⋯⋯⋯⋯⋯⋯⋯⋯⋯⋯ 4
 1.3　研究思路与方法 ⋯⋯⋯⋯⋯⋯⋯⋯⋯⋯⋯⋯⋯⋯⋯⋯⋯⋯⋯⋯ 5
 1.4　概念界定 ⋯⋯⋯⋯⋯⋯⋯⋯⋯⋯⋯⋯⋯⋯⋯⋯⋯⋯⋯⋯⋯⋯⋯ 6
 1.5　研究现状 ⋯⋯⋯⋯⋯⋯⋯⋯⋯⋯⋯⋯⋯⋯⋯⋯⋯⋯⋯⋯⋯⋯⋯ 9
 1.6　研究内容 ⋯⋯⋯⋯⋯⋯⋯⋯⋯⋯⋯⋯⋯⋯⋯⋯⋯⋯⋯⋯⋯⋯⋯ 26
 1.7　预期成果 ⋯⋯⋯⋯⋯⋯⋯⋯⋯⋯⋯⋯⋯⋯⋯⋯⋯⋯⋯⋯⋯⋯⋯ 28
 1.8　创新与局限 ⋯⋯⋯⋯⋯⋯⋯⋯⋯⋯⋯⋯⋯⋯⋯⋯⋯⋯⋯⋯⋯⋯ 29

第2章　参与倡议：网络空间作为档案库显示的信息归档情境⋯⋯⋯⋯⋯ 31
 2.1　信息视角下网络空间的基本要义 ⋯⋯⋯⋯⋯⋯⋯⋯⋯⋯⋯⋯⋯ 31
 2.2　网络空间的档案库特性显示 ⋯⋯⋯⋯⋯⋯⋯⋯⋯⋯⋯⋯⋯⋯⋯ 35
 2.3　网络空间作为档案库的新特征 ⋯⋯⋯⋯⋯⋯⋯⋯⋯⋯⋯⋯⋯⋯ 37
 2.4　网络空间赋予的参与式归档情境 ⋯⋯⋯⋯⋯⋯⋯⋯⋯⋯⋯⋯⋯ 41

第3章　网络空间参与式归档实践进展⋯⋯⋯⋯⋯⋯⋯⋯⋯⋯⋯⋯⋯⋯ 46
 3.1　线上发现：全球渐趋广泛的网络空间参与式归档实践 ⋯⋯⋯⋯ 46
 3.2　不同主体的网络信息归档实践调查发现 ⋯⋯⋯⋯⋯⋯⋯⋯⋯⋯ 56

第4章　方向识别：基于多元数字技术的网络空间参与式归档体系化建构要义
 ⋯⋯⋯⋯⋯⋯⋯⋯⋯⋯⋯⋯⋯⋯⋯⋯⋯⋯⋯⋯⋯⋯⋯⋯⋯⋯⋯⋯⋯ 79
 4.1　参与式归档的实践局限 ⋯⋯⋯⋯⋯⋯⋯⋯⋯⋯⋯⋯⋯⋯⋯⋯⋯ 79
 4.2　问题要义：网络空间参与式归档的体系化建构方向 ⋯⋯⋯⋯⋯ 83

第5章 理论建构：网络空间参与式归档的核心概念 87
5.1 理论参照 87
5.2 核心概念回溯 90
5.3 立足网络空间的核心概念深化重构 97

第6章 方法导引：基于多元数字技术的网络空间参与式归档通用框架 104
6.1 设计原则 104
6.2 基本要素 106
6.3 促进要素互动的自组织和社会治理双线融合要点 110
6.4 纷繁的归档系统：持续拓展可能性的参与式归档行动 112
6.5 行动的关联结果：网络空间参与式归档建构的全景档案世界 116

第7章 技术赋能：网络空间参与式归档的实现构想 121
7.1 云计算的应用构想 122
7.2 区块链的应用构想 125
7.3 人工智能的应用构想 128

第8章 结 语 131

附录 档案馆的社交媒体信息归档关键事项研究
——基于中国综合档案馆的访谈分析 134

参考文献 146

第 1 章　引介：基于多元数字技术的网络空间参与式归档探寻路径

1.1　研究背景

随着中共十九大提出建设网络强国的战略目标，各方倡导共建网络空间命运共同体，多主体参与的网络空间治理成为重点议题。社会组织、机构、社群和个人在网络空间中以社交媒体、协作平台、云服务等形式开展各类社会活动，与之伴生的各类型记录留存于网络空间，形成了网络空间治理阵地——"虚拟档案库"。一方面，互联网实现了大基数、多层级、多领域、细颗粒的历史书写，累积为互联网历史学所依赖的档案空间。其中，如何从信息角度认识互联网对档案库的形成、运转以及长存的作用是重要的学术命题。另一方面，重大社会事件中，官方机构、主流媒体、利益相关社群、公众个人等多元主体汇聚于网络空间，形成证据、记忆、资产、资源性的记录，而此类信息在传播后如何处置与存续还有待实际探讨。因此，网络空间的有序归档路径亟待探索，这也同档案事业发展"十三五"规划中"将制定重要网页资源和社交媒体文件的归档管理办法列为重点任务"相呼应。

在实践层面，从全球层级的组织（如国际互联网保存联盟），到国家层面的机构（如美国国会图书馆、英国大英图书馆、英国国家档案馆、丹麦皇家图书馆、德意志国家图书馆、加拿大图书馆与档案馆、中国国家图书馆），再到地区或组织类的记忆机构（如纽约大学塔米门图书馆、剑桥大学图书馆），均有开展网络空间归档的相关实践，开展主体也逐步向网络信息的形成者延伸。分析易知，全球开展的各类网络空间归档实践尽管在对象、方法、规模上各有差异，但仍有共同之处，即多元主体参与。具体来说，网络信息归档主体多样，且逐步协同完成归档工作的分工，主要包括：信息形成者协助明确归档范围并确认是否在必要时移交至记忆机构；记忆机构，如图书馆和档案馆，从整体视角捕获或接收各类组织机构、群体和个人的网络信息，而后将获取的网络信息整合为资源以供利用；社会组织可提供资金与支持，同时也可成为网络信息的归档方，比如资助全球各类网络信息存档项目的基金会 Internet Memory Foundation、为各类项目有偿开发工具的镜网公司、存有丰富网络档案的非营利平台 Internet Archive。然而，多元主体如何达成深层次协作，即归档过程中主体之外的各要素，如信息对象、方法、工具等在多主体的框架下如何实现系统融合，有待进一步探索。

在理论层面，网络空间如何归档同样未有明确概念框架与方案。据特里·库克预测，参与式管理，即档案机构、政府部门、社群、公众等利益相关者共同参与归档，是未来网络空间归档的主导模式，但其可行性、具体内涵以及实现方案有待探讨[1]。档案学者在 21 世纪初就提出网络空间归档需要多元主体，尤其是大众的参与[2]。截至目前，学界主要研究成果如下：第一，多主体归档的必要性。归档需求源自政府、社群、个人等多主体[3][4]。第二，网络对归档提出多维度挑战。现有挑战涉及技术、社会、文化、司法等维度，包括多主体形成者之间的权责未明晰、归档方对网络平台的政策以及功能支持的依赖性高、捕获与整合工具的功能不完善，多元主体的参与是解决之道[5][6]。第三，以参与为核心的归档策略。特里·库克预测的网络引领下的社会/社群档案范式，冯惠玲提出的网络为社会记忆由官方书写转向大众书写提供渠道，都指向一个观点：大众参与网络空间的归档是必然趋势，未来要实现的目标是档案工

---

[1] COOK T. Evidence, memory, identity, and community: four shifting archival paradigms [J]. Archival Science, 2013, 13 (2): 95—120.

[2] SENÉCAL S. The effect of the web on archives [J]. Archivaria, 2005, 59: 139—152.

[3] STRECK H. Social networks and their impact on records and information management[EB/OL]. (2011-02-25)[2020-12-01]. https://armaedfoundation.org/wp-content/uploads/2021/06/Social_Networks_Impact_on_RIM_Streck.pdf.

[4] LAUREN A, MICHAEL C. Managing and collecting social media for e-discovery [J]. Information Management, 2013, 47 (3): 22, 24—26.

[5] DEARSTYNE B W. Blogs, mashups, & wikis: Oh, my! ready or not, Web 2.0, a new generation of web-based services, is changing the way people work and the way records and documents are created, used, and shared [J]. Information Management Journal, 2007, 41 (4): 24—32.

[6] MCKEMMISH S, PIGGOTT M. Toward the archival multiverse: challenging the binary opposition of the personal and corporate archive in modern archival theory and practice [J]. Archivaria, 2013, 76: 111—114.

作者引导大众开展协作，以此共建覆盖全社会的档案馆网络[1][2][3]。随着研究与实践的深入，参与式归档从理念到方法路径的探索逐步丰富[4]，从档案机构、形成信息的组织与个人、网络服务提供商等角度提出了参与的角度与要点[5][6][7][8][9][10][11]。第四，技术视角的参与式归档实现方案。数字技术被视作实现参与式归档的关键，为理论构想提供实践支撑[12][13][14]。然而，跨情境、跨主体、跨对象、跨方法的参与系统框架与具体内容尚未得到充分建构，在落实上也欠缺成体系的可行设计。

因而，一方面，借助已有探索，理论构建的契机逐步凸显，可为网络空间的参与式归档提供有力的依据和指导。另一方面，日新月异的前沿数字技术为实现参与式归档提供了方法与工具支持。以云计算、大数据、人工智能、区块链为代表的前沿数字技术进入国家战略规划，它们强调信息资源的有效管理、挖掘与利用，帮助解决多主体跨情境的复杂问题，旨在最大限度地实现智能化。这些技术提供在参与式归档中获得了全面的开发与应用场景，不同技术可满足多元主体在捕获、鉴定、存储等各方面的要求。云计算的分布式存储、区

---

[1] COOK T. Evidence, memory, identity, and community: four shifting archival paradigms [J]. Archival Science, 2013, 13 (2): 95-120.

[2] 冯惠玲. 数字时代的记忆风景 [N]. 中国档案报, 2015-11-19 (3).

[3] 胡百精. 互联网与集体记忆构建 [J]. 中国高校社会科学, 2014 (3): 98-106+159.

[4] ROLAN G. Agency in the archive: a model for participatory recordkeeping [J]. Archival Science, 2017, 17 (3): 195-225.

[5] HUVILA I. The unbearable lightness of participating? Revisiting the discourses of "participation" in archival literature [J]. Journal of Documentation, 2015, 71 (2): 358-386.

[6] HOCKX-YU H. Archiving social media in the context of non-print legal deposit[EB/OL]. (2014-07-30)[2020-11-30]. http://library.ifla.org/999/1/107-hockxyu-en.pdf.

[7] SINN D, SYN S Y. Personal documentation on a social network site: Facebook, a collection of moments from your life? [J]. Archival Science, 2014, 14 (2): 95-124.

[8] BUSHEY J. Convergence, connectivity, ephemeral and performed: new characteristics of digital photographs [J]. Archives and Manuscripts, 2014, 42 (1): 33-47.

[9] 王新才, 徐欣欣. 国外个人数字存档的实践经验及其启示 [J]. 信息资源管理学报, 2016, 6 (4): 109-115.

[10] 周耀林, 赵跃. 基于个人云存储服务的数字存档策略研究 [J]. 图书馆建设, 2014 (6): 21-24+30.

[11] 万凯莉. 社交媒体信息全民参与保存模式研究 [J]. 中国档案研究, 2015 (1): 151-163.

[12] 王新才, 徐欣欣. 国外个人数字存档的实践经验及其启示 [J]. 信息资源管理学报, 2016, 6 (4): 109-115.

[13] 周耀林, 赵跃. 基于个人云存储服务的数字存档策略研究 [J]. 图书馆建设, 2014 (6): 21-24+30.

[14] 冯惠玲. 科技改变文件与档案管理 [N]. 中国档案报, 2017-12-28 (3).

块链的共治式管理、人工智能的机器学习等均有助于参与式归档实践方案的扩充。

由此，本书将研究选题定为基于多元数字技术的网络空间参与式归档研究，为网络空间归档提供理论、方法与实施方案等多层面的支持。

1.2 研究目标与价值

1.2.1 研究目标

第一，依托网络空间构建互联网信息归档的新模式。在新的社会、技术、文化背景中融合多学科视角，发现网络环境中信息归档管理的规律、原则与方法。

第二，将档案理论与方法应用于网络空间的有序治理，从整体视角为出台相关的政策、标准、规范提供理论指导。基于此，在网络空间的治理框架内为各利益相关者明确归档权责，并为开展具体的归档行动提供行动指南与方案。

1.2.2 研究价值

学术价值表现为：第一，拓展档案理论与方法在互联网领域的研究与应用，推动网络空间治理的研究。第二，深化数字环境中档案理论与方法的探索，有助于解决社会转型和数字转型带来的档案理论、方法以及实践的适应性问题，促进理论与方法的创新，并基于技术视角深化网络档案理论与实践的融合。第三，以社会治理与自组织理论丰富档案理论与方法，构建系统的参与式归档模式。

应用价值体现为：第一，为各类机构、群体与个人留存真实的证据、记忆材料等信息资源，提供参与式归档方案，以可信的信息资源与管理方法助推网络强国、智慧社会以及数字经济等发展目标的实现。第二，为构建网络空间命运共同体、保障网络主权、维护数据安全提供相应的网络空间归档行动框架与技术方案。这既保障了各网络利益相关者的自主数据空间安全（如防范信息泄露或信息的不当使用），又从信息资源长期保存与利用的角度助力国家治理体系与治理能力的现代化。

1.3 研究思路与方法

1.3.1 研究思路

研究总目标是在档案理论与方法数字转型的框架下，立足多元数字技术环境探索与设计网络空间参与式归档方案。首先以提出问题—分析问题—解决问题的思路，围绕档案理论在网络空间中的适应性问题，构建参与式归档的理论基础；其次针对参与式归档的复杂性问题，结合案例研究，形成参与式归档的通用框架；最后在充分识别与分析前沿数字技术的基础上结合参与式归档的要求，提出落实理论构想的实践策略。

1.3.2 研究方法

本书主要采用以下方法：

（1）理论构建法：通过文献调查述评国内外相关研究，借鉴前沿理论和方法，构建基于社会治理与自组织理论的网络空间参与式归档理论与方法。

（2）案例研究法：参考国内外最佳实践案例，验证网络空间参与式归档的有效性和科学性。

（3）综合集成法：立足多元数字技术环境，从多主体联盟、多维度联通、多方面过程连贯等视角解答参与式归档问题，为网络空间参与式归档设计通用框架。

（4）评估方法：以专家评估法、德尔菲法、主成分分析法等评估并修正参与式归档框架在技术角度的实现构想。

本书的研究思路与方法见图 1-1。

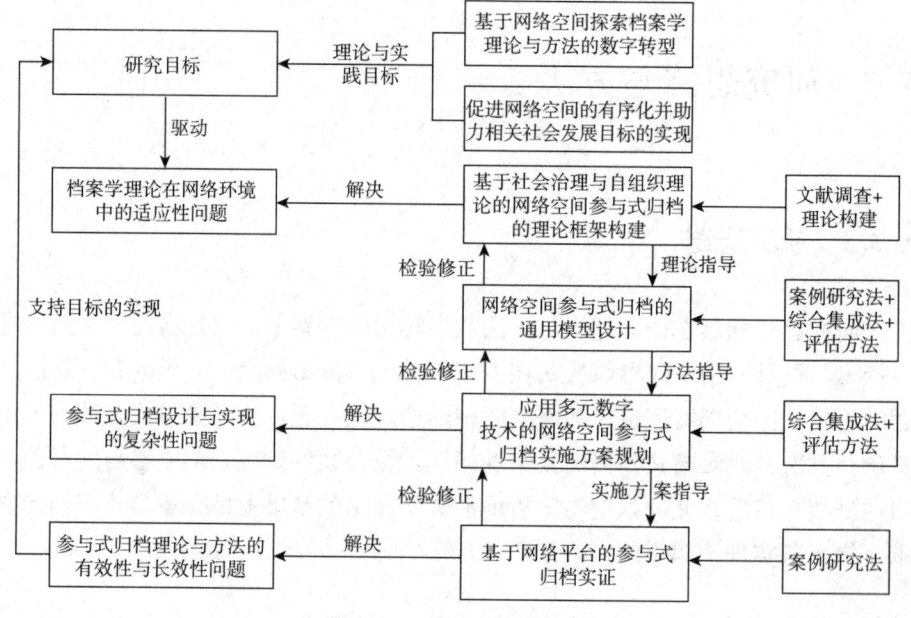

图 1-1　研究思路与方法

1.4　概念界定

1.4.1　网络空间

在本书中，网络空间指的是以信息通信设施及其使用者为基础，以数字化信息创造、存储、修改和流动为内容的互联互动空间①。相对于实体社会空间而言，它是虚拟的互动、交往环境。

1.4.2　参与式的档案管理

参与式的档案管理在不同的情境和表现下有不同定义，主要依托于参与式档案馆提出参与的核心要义。不同于以官方或主流档案馆为范畴的档案馆

---

① 张新宝，许可. 网络空间主权的治理模式及其制度构建［J］. 中国社会科学，2016（8）：139-158+207-208.

2.0，参与式档案管理鼓励任何组织、机构、群体、个人共建共享"档案空间"，既可在体量上以档案馆的形式存在，也可以是部分档案资源通过协同建成的聚合体①。因而，档案馆3.0进一步扩展与深化了参与性特质：资源及其管理主体不一定是档案馆，个人也可以是档案馆的所有者、决策者与管理者；以政府档案为主的资源组成已不再适用，社会性档案同样可以占据主体地位；允许档案专家以外的组织机构、群体或个人提出并运用立场与方法不同的管理方式，档案管理的内容更加多元。

1.4.3 归档

根据传统档案学的观点，归档是文件向档案转化的标志，是文书处理的终点、档案管理的起点。进入数字时代，归档在电子文件再造的流程中有所变化，归档的"档"指代的是范围更大的文档。但无论"档案"的内涵与外延怎样变化，归档都体现为动态的过程性环节。在中国，归档是指将具备档案性质的信息有序化移交的过程。在其他国家，尽管概念界定和管理制度有所不同，但亦存在类似"归档"的管理环节，在其语境中被称为"capture/registration/filing"等，尤其是处于数字时代与纸质时代交替的当下，这种环节会更加复杂，本书将其视作数字背景下具有本质共性的行为。

需要说明的是，在我国的语境下，归档主要在档案室所处的形成者端。严格来说，档案馆绕过形成者收集信息，使其成为档案的过程不能称为归档。然而，由于档案管理的多样性，尤其在网络环境中，由档案馆或其他信息与记忆机构直接展开信息收集并纳入档案资源的行为较为常见。因而，在此背景下，本书中的归档包含各类主体对信息进行收集并将其作为档案进行管理的行为，而不受限于是否绕过信息形成者这一条件。

1.4.4 档案化管理

档案化的英文对应词为archivization，由哲学家德里达在1995年的作品《档案的狂热或本源的苦恼》（*Archive Fever*）中提出，他将档案化指代为对事件的记录过程。而在中国，档案化由冯惠玲教授在其博士论文《拥有新记

---

① RIDOLFO J, WILLIAM H-D, MICHAEL M. Balancing stakeholder needs: archive 2.0 as community-centred design [J]. Ariadne, 2010 (63): 78-89.

忆——电子文件管理研究》中首次提出，她将其论述为"电子文件的'档案化'进程"与"归档——电子文件档案化的开始"[①]。虽未明确界定档案化的定义，但依据内容来看，档案化是指档案部门/人员参与电子文件的管理，倡导电子文件的前端控制与全程管理。而后，安小米教授在翻译澳大利亚学者的作品时将 archiving 翻译为档案化。何家荪教授认为业界提倡的全程管理和前端控制原则的实质就是"档案化"，因而提出档案化管理概念[②]。他认为"档案化是确保并且能够证明文件的真实性、完整性、可靠性和长期有效性（可读性、可理解性等），使文件有可能用作证据和作为档案保存的管理方式。档案化是使电子文件具备成为档案和法律证据的能力的过程，档案化管理是为了实现文件档案化而采取的管理措施，比如在电子文件管理系统内建立元数据著录机制等"[③]。

本书中的档案化管理概念则进一步扩充为：数字信息的管理同样难以完全对应线性管理流程，这些信息当中既有将成为永久档案的部分，也有只需短暂保存但依旧要在销毁前确保信息真实可信的部分。因此，在脆弱的网络环境中，档案化管理更应作为一种方法来管控不同生命长短的信息的质量。同时，面向网络空间中繁杂的用户及其利益相关者，档案化管理既要遵循档案领域中已获得一定共识的理论、方法论与实践，又要根据网络空间的复杂情境有所调整与变化。

1.4.5 多元数字技术

多元数字技术在本书中不是一个严格的概念，而是指代当前与未来可用于信息与通信活动的各种数字技术，涵盖人工智能、区块链、云计算、数字孪生、边缘计算等，并不专指或限定于某一个或者某一类数字技术。

---

① 冯惠玲. 拥有新记忆——电子文件管理研究 [D]. 北京：中国人民大学，1997.
② 何嘉荪. 文件群体运动与文件管理档案化——"文件运动模型"再思考兼答章燕华同志之二 [J]. 档案学通讯，2007（4）：32—35.
③ 何嘉荪，史习人. 对电子文件必须强调档案化管理而非归档管理 [J]. 档案学通讯，2005（3）：11—14.

1.5 研究现状

1.5.1 文献检索策略

依据网络空间参与式归档的核心术语及其实践表现，检索主题选定为网络信息存档、参与式档案管理、社交媒体信息存档。用于梳理研究现状的文献以学术论文为主，学术专著为辅，检索策略如表 1-1。

表 1-1 检索策略

序号	检索策略	检索结果
1	中文文献，SU=（'网络'＋'互联网'＋'社交媒体'＋'社交网络'）＊（'存档'＋'归档'＋'档案化'＋'保管'＋'保存'＋'信息管理'）＊（'参与'＋'协作'＋'协同'）为检索式。检索于 CNKI 中国知网中展开，最后检索截止时间为 2020 年 6 月 30 日。	论文119篇[①]
2	英文文献，SU=（'web'＋'Internet'＋'social media'＋'social network'）＊（'archiving'＋'capture'＋'archivalization'＋'preservation'＋'recordkeeping'＋'information management'）＊（'participation'＋'collaboration'）为检索式，在 WOS、IEEE、Springer、Elsevier 等数据库及 Google Scholar 展开检索，最后检索截止时间为 2020 年 6 月 30 日。	
3	对 16 本图情 CSSCI 来源期刊与 7 本档案学核心期刊，以及 5 本档案学期刊 2014 年后的摘要进行浏览，补充与研究主题相关而此前查找检索未获取到的文献。	论文12篇
4	对已获得的文献中提供的参考文献进行相关主题的比对与筛选。	论文36篇
5	对文献数据库，如 CNKI、网上书店等进行主题检索。	专著2本

1.5.2 研究成果

当前，研究围绕网络空间参与式归档的必要性、具体内容、挑战与对策展

[①] 限于 2014 年之前有相对系统的文献综述作为研究成果发表，且对照于我国实施"互联网＋"战略的时间，网络信息归档相关文献的选定范围为 2014—2020 年。

开，即为什么、是什么、怎么做。依据现有研究，网络空间呈现出的多样化信息价值与管理挑战得到广泛识别，其多元利益相关者亦在研究中得到确认。研究提出，在网络空间参与式归档中，多元主体各有其立场、权利、能力、需求，并对不同参与主体的应有定位与可开展的具体行动予以探讨。由此，研究成果可围绕记忆机构、信息形成者、网络平台和其他利益相关者分类呈现。

1.5.2.1 记忆机构

1. 记忆机构为何要归档网络信息

网络可以被概念化为"线上档案馆"，包含丰富的文化和历史资料，辅助产生对过去到现在的社会行为有用的见解[①]。这些信息及其利用潜力能够帮助应对更大的社会与经济挑战。因此，档案馆等记忆机构的角色在社交网络中也更加重要[②]。换言之，保管人类的信息与知识资产是档案馆、图书馆等记忆机构的应有职责，例如维护在网络平台上发布的信息本身就是数字图书馆建设的一部分[③]。同时，若由其他主体主导网络信息归档实践也需要档案馆在资源和专业方法上提供协助，甚至要由档案馆来落实部分归档行动。例如，YouTube通过社会化归档来保管无形的文化遗产，其本身就是一种补足官方叙事的档案馆，但它无法保证归档信息的绝对原始性，也无法实现对文化遗产的优质保护，因此需要记忆机构从专业角度提供帮助。

2. 档案馆归档网络信息的挑战

归档网络信息的挑战较多，这些挑战产生的关键因素在于较为复杂的网络信息控制。具体来说，网络信息的形成是多主体和多来源的，尤其随着大量社会网络用户自主权、所有权、利用权意识的强化，档案馆归档网络信息须有边

---

① GOOD K D. From scrapbook to Facebook: a history of personal media assemblage and archives [J]. New Media & Society, 2013, 15 (4): 557—573.

② SCHEFBECK G, SPILIOTOPOULOS D, RISSE T. The recent challenge in web archiving: archiving the social web [EB/OL]. (2019-07-20) [2020-10-19]. https://spiliotopoulos.org/publications/Schefbeck%20et%20al.%20-%202012%20-%20The%20Recent%20Challenge%20in%20Web%20Archiving%20-%20Archiving%20the%20Social%20Web.pdf.

③ FOX E A, XIE Z, KLEIN M. Web archiving and digital libraries (WADL) [C] // Association for Computing Machinery. 2017 ACM/IEEE Joint Conference on Digital Libraries. New York: Curran Associates, 2018: 425—426.

界认识，这将影响并帮助理清信息管理者在变化的时代中的角色[1][2]。例如，学者认识到以网络为代表的 Web 2.0 业务模型和内部逻辑改变了信息形成与保管机制。用户成了信息的超级形成者与加工者，共筑了流动的档案馆，而平台所有者掌握信息的部分权力[3]。

由此，具体的挑战从多方面体现：首先，档案馆从特定的记忆存储库变成生活的积累空间，已有的档案管理方法已不能完全适用。例如在政府等官方机构形成的记录中加入了来自私人和社会其他平台的分散信息，这些信息在内容、形式、元数据、表达的事物等方面都具有多元性，呈现的各种内容如电子交易、网络生活、观点或评论等难以用常规的档案流程实现系统的归档管理[4][5]。同时，面对这些繁杂海量的信息，资源缺乏是档案馆等机构的归档项目未完成的主要原因之一，因此机构也需要立足效率与效益考虑进一步调整并优化档案技能和知识[6]。

其次，档案馆在获取和平衡权利上存在困难。由于信息的共同形成者极为多样，对形成信息具有贡献的利益相关者，如网络平台、信息的评论者等，均在信息的管理、获取、利用、处置等环节相互缠绕[7][8]。例如，Twitter 的平台服务条款并不许可对其数据集的收集[9]。

---

[1] CAROLINE B. Archives and recordkeeping．Theory into practice［M］．London：Facet Publishing，2014.

[2] JANKE T，IACOVINO L．Keeping cultures alive：archives and indigenous cultural and intellectual property rights［J］．Archival Science，2012，12（2）：151—171.

[3] GEHL R W．The archive and the processor：the internal logic of Web 2.0［J］．New Media & Society，2011，13（8）：1228—1244.

[4] FONDREN E，MCCUNE M M．Archiving and preserving social media at the library of congress：institutional and cultural challenges to build a twitter archive［J］．Preservation，Digital Technology & Culture，2018，47（2）：33—44.

[5] BEER D，BURROWS R．Popular culture，digital archives and the new social life of data［J］．Theory，Culture & Society，2013，30（4）：47—71.

[6] LINDSTRÖM L．Archiving in the era of online activism：challenges and practices of collecting and providing access to activist social media archives［EB/OL］．（2019—06—12）[2020—11—30]．https://lup.lub.lu.se/luur/download?func=downloadFile&recordOId=8980793&fileOId=8980795.

[7] JANKE T，IACOVINO L．Keeping cultures alive：archives and indigenous cultural and intellectual property rights［J］．Archival Science，2012，12（2）：151—171.

[8] DAVIS S，GATTERMEYER R．Web－Archiving：preserving vital records and enhancing discoverability and accessibility［EB/OL］．（2019—05—22）[2020—10—16]．https://tdl-ir.tdl.org/handle/2249.1/156420.

[9] KINDER-KURLANDA K，WELLER K，ZENK-MÖLTGEN W，et al．Archiving information from geotagged tweets to promote reproducibility and comparability in social media research［J/OL］．Big Data & Society，2017，4(2)：1—14［2020—11—30］．https://doi.org/10.1177/2053951717736336.

再次，信息对象的复杂性亦是挑战。第一，信息包含大量个人的内容甚至隐私信息，因而归档所涉及的收集与整理都需要分析其中的隐私风险[1][2]，这使得网络信息在面向社会公众提供长远利用方面存在难题[3]。第二，信息复杂的内容与形式令归档的一系列活动难以有序、精准、全面开展，例如：归档范围的确定涉及实体、话题、观点、事件的筛选；档案的丰富性导致语义信息、情感以及社会与文化背景的捕获、组织和维护较为繁杂，在文件格式或元数据方案等数据质量方面更没有简单的控制方法[4]；信息的动态性使得技术语言、信息实体、观点和公共视角的历史性固化都存在困难[5]。第三，当前的技术标准和方案不能充分解决归档难题。例如，利用 API 或直接获取是网络信息获取与捕获的较优方案[6]，为了获得大规模的数据，捕获者需要访问原始内容，如 Json 或 Xml 格式，而获取这些数据面临着许多障碍，如速率限制和技术能力不足[7]。

同时，档案馆面临的不同方面的困难往往以整体的形式呈现[8]。例如，在伦敦奥运会的项目中，大英图书馆和英国国家档案馆将归档范畴设定为全球范围内的相关网络信息，以国际视角提供更全面的 2012 年伦敦奥运会记录。然而，他们在捕获社交网络和公民媒体上的相关信息时面临困难，主要表现为难以完善捕获策略以归档更完整的信息、难以将不同来源的信息整理为相关联的

---

[1] LOMBORG S. Personal internet archives and ethics [J]. Research Ethics，2013，9（1）：20-31.

[2] MCNEALY J. The privacy implications of digital preservation：social media archives and the social networks theory of privacy [J]. Elon University Law Review，2012，3（2）：133-160.

[3] LINDSTRÖM L. Archiving in the era of online activism：challenges and practices of collecting and providing access to activist social media archives[EB/OL].（2019-06-12）[2020-11-30]. https://lup.lub.lu.se/luur/download?func=downloadFile&recordOId=8980793&fileOId=8980795.

[4] LINDSTRÖM L. Archiving in the era of online activism：challenges and practices of collecting and providing access to activist social media archives[EB/OL].（2019-06-12）[2020-11-30]. https://lup.lub.lu.se/luur/download?func=downloadFile&recordOId=8980793&fileOId=8980795.

[5] LINDSTRÖM L. Archiving in the era of online activism：challenges and practices of collecting and providing access to activist social media archives[EB/OL].（2019-06-12）[2020-11-30]. https://lup.lub.lu.se/luur/download?func=downloadFile&recordOId=8980793&fileOId=8980795.

[6] HOCKX-YU H. Archiving social media in the context of non-print legal deposit[EB/OL].（2014-07-30）[2020-11-30]. http://library.ifla.org/999/1/107-hockxyu-en.pdf.

[7] KINDER-KURLANDA K，WELLER K，ZENK-MÖLTGEN W，et al. Archiving information from geotagged tweets to promote reproducibility and comparability in social media research[J/OL]. Big Data & Society，2017，4(2)：1-14 [2020-11-30]. https://doi.org/10.1177/2053951717736336.

[8] CROOK E. Web archiving in a Web 2.0 world [J]. The Electronic Library，2009，27（5）：831-836.

资源、无法确认归档此类动态交流平台的技术需求以及归档后的信息应如何永久保存①。

3. 档案馆归档网络信息的策略

面对复杂的网络信息归档，其应对策略亦在研究中得到关注：

一方面，我们需要强化并积极利用档案馆的能力与资源专长，确认不同类型的归档模式中档案馆的功能与参与内容。在档案馆主导的网络信息归档管理中，明确其信息管理的专长，完善专业管理的方法与工具基础，例如，在网络归档中，档案馆与图书馆可凭借在信息组织和构建方面的优势，形成围绕来源、主题、事件的多元分类工具及与之相对应的元数据方案。由于信息工具和平台开发应有明确的信息归档需求分析②，档案馆与图书馆更要积极参与甚至主导归档管理系统的开发。同时，档案馆要发挥好作为教育者的作用，帮助个人形成者认识信息的档案价值，并将其训练为公民档案员，一同承担网络信息的归档任务③。

另一方面，同其他主体达成协作，有效利用不同主体的能力、资源、立场来获取不同的支持。主要的利益相关者包括：个人形成者，归档过程中相关的法律与伦理风险应通过获取用户认可来应对，因此要及时制定网络信息公开的开放范围，在寻求个人网络信息归档许可时要特别注意访问和利用限制，并提供用户的反馈与许可通道④⑤。政府机构形成者，主要是依据不同地区的法律法规，在内容捕获以及归档后的提供利用等方面为档案馆做好授权工作。网络服务提供商，需要理解档案馆对网络信息的归档行为，从而在功能和政策上支持档案馆开展持续、系统的归档工作，例如针对记忆机构公共价值取向的归档

---

① WILLIAMS C. On the record: towards a documentation strategy [J]. Journal of the Society of Archivists, 2012, 33 (1): 23—40.

② KOVARI J, DOOLEY J M, PETERSON C, et al. Capturing the web: web archiving in cultural heritage institutions[EB/OL]. (2016-06-23)[2020-11-30]. https://ecommons.cornell.edu/handle/1813/44547.

③ ACKER A, BRUBAKER J R. Death, memorialization, and social media: a platform perspective for personal archives [J]. Archivaria, 2014, 77 (1): 1—23.

④ LINDSTRÖM L. Archiving in the era of online activism: challenges and practices of collecting and providing access to activist social media archives[EB/OL]. (2019-06-12)[2020-11-30]. https://lup.lub.lu.se/luur/download?func=downloadFile&recordOId=8980793&fileOId=8980795.

⑤ MCNEALY J. The privacy implications of digital preservation: social media archives and the social networks theory of privacy [J]. Elon University Law Review, 2012, 3 (2): 133—160.

项目，配置捕获信息的 API 接口以及相应的信息利用政策[①]。也可适当使用社会第三方的技术与工具，例如 Archive-It、Webrecorder、Archive Social 等诸多记忆机构为捕获网络信息开发的重要工具[②③]。利用者，面向利用者的需求分析也是优化归档策略的方式之一。例如，档案馆需要与使用网络数据的研究机构建立密切关系，以了解未来使用这些数据的用户的潜在需求，由此就归档内容及其管理做出明智决策[④]。

1.5.2.2 形成者——个人数字存档与信息管理的视角显著

1. 个人网络信息归档的动机

网络信息记录了多元的内容与丰富的数据，呈现出多样化的价值，因而可以从多方面驱动个人对网络信息进行归档管理[⑤]。第一，网络信息可作为学习资源，如在形成与管理网络信息的过程中，个人通过创建语义和分类法来组织信息，其本质是通过知识加工提升信息的可用性和可定制性。用户的信息归档管理行为更是通过网络的开放传播，以实现集体知识的管理和共享的过程[⑥⑦]。第二，网络信息记录了个人对某些现象或事件的独特观点、个人的丰富活动、个人参与重要社会事件的过程等，管理信息可积累丰富证据，以呈现个人经历

---

① KIETZMANN J H, HERMKENS K, MCCARTHY I P, et al. Social media? get serious! understanding the functional building blocks of social media [J]. Business Horizons, 2011, 54 (3): 241-251.

② DAVIS S, GATTERMEYER R. Web-Archiving: Preserving vital records and enhancing discoverability and accessibility[EB/OL]. (2019-05-22)[2020-10-16]. https://tdl-ir.tdl.org/handle/2249.1/156420.

③ AMY W, JOANNE A. Web archiving & you[EB/OL](2017-06-08)[2020-11-10]. https://drum.lib.umd.edu/bitstream/handle/1903/19234/WicknerArcher_LRIPF_WebArchiving.pdf?sequence=1.

④ THOMSON S D, KILBRIDE W. Preserving social media: the problem of access [J]. New Review of Information Networking, 2015, 20 (1-2): 261-275.

⑤ GOOD K D. From scrapbook to Facebook: a history of personal media assemblage and archives [J]. New Media & Society, 2013, 15 (4): 557-573.

⑥ RAZMERITA L, KIRCHNER K, SUDZINA F. Personal knowledge management: the role of Web 2.0 tools for managing knowledge at individual and organisational levels [J]. Online Information Review, 2009, 33 (6): 1021-1039.

⑦ YATES D, PAQUETTE S. Emergency knowledge management and social media technologies: a case study of the 2010 Haitian earthquake [J]. International Journal of Information Management, 2011, 31 (1): 6-13.

和职业成就①②。第三，个人用户形成信息大多是为了存储正在经历的事件或开展的活动，因而后续的归档行为如收集，正是基于记忆需求而展开的③④。

2. 个人网络信息归档的实践

现有研究中，不同于机构有明确的阶段性管理流程，个人的具体归档行为往往处于创建、整理、利用和长期保存等管理行为之中⑤。第一，创建。用户发布与接收信息，研究视其为数据累积的节点⑥。对个人用户而言，创建也是归档行为之一，形成结果包括笔记、消息、照片、视频、表情符号等多种类型的信息内容⑦，且附有部分固定信息，如创建者的用户名和联系信息⑧。第二，整理。关注点在于用户要识别和处置无价值的信息，判定依据包括为创建或获取信息花费的时间和精力、情感依恋程度等因素⑨。同时，用户依据共享程度对信息进行分类排序，通过评估信息内容或随着时间的推移调整信息的共享权

---

① BASS J. A PIM perspective: leveraging personal information management research in the archiving of personal digital records [J]. Archivaria, 2013, 75: 49—76.

② SINN D, KIM S, SYN S Y. Personal digital archiving: influencing factors and challenges to practices [J]. Library Hi Tech, 2017, 35 (2): 222—239.

③ ACKER A, BRUBAKER J R. Death, memorialization, and social media: a platform perspective for personal archives [J]. Archivaria, 2014, 77 (1): 1—23.

④ ZHAO X, SALEHI N, NARANJIT S, et al. The many faces of Facebook: Experiencing social media as performance, exhibition, and personal archive [C] // BODKER S, BREWSTER S, BAUDISCH P, et al. Proceedings of the SIGCHI conference on human factors in computing systems. New York, NY, USA: Association for Computing Machinery, 2013: 1—10.

⑤ BASS J. A PIM perspective: leveraging personal information management research in the archiving of personal digital records [J]. Archivaria, 2013, 75: 49—76.

⑥ BEER D, BURROWS R. Popular culture, digital archives and the new social life of data [J]. Theory, Culture & Society, 2013, 30 (4): 47—71.

⑦ GOOD K D. From scrapbook to Facebook: A history of personal media assemblage and archives [J]. New Media & Society, 2013, 15 (4): 557—573.

⑧ YATES D, PAQUETTE S. Emergency knowledge management and social media technologies: a case study of the 2010 Haitian earthquake [J]. International Journal of Information Management, 2011, 31 (1): 6—13.

⑨ SINN D, KIM S, SYN S Y. Personal digital archiving: influencing factors and challenges to practices [J]. Library Hi Tech, 2017, 35 (2): 222—239.

限，如考虑是否在网络上进行公开展示、依靠人际关系管理来确定信息分享权限[1][2]。第三，利用。研究认为，随着人们在网络中创建、交换和发布越来越多的信息，人们会基于各类需求，如回忆或反思，重新访问和使用这些信息，基于利用目的而对信息做出下载、截图等归档行为[3]。第四，长期保存。研究主要从归档方面提出保存信息的重要依据，包括信息价值、证据价值、即时性、可用性、可信度等[4]。在这些行为中，研究发现与总结了部分特征，如个人把社交媒体等网络平台视为保管信息的档案馆、个人的网络信息归档管理较具主观性和随机性、个人的网络信息归档不可等同于组织机构层面的归档等[5]。

3. 个人网络信息归档的挑战

研究通过对网络信息价值、特征以及现有管理行为的分析，逐渐识别用户视角下的归档挑战，其中网络信息的公私边界模糊是被提及最多的因素[6]，即网络平台本身是公共领域，又被具有私人属性的个人用户广泛使用。这一特点为个人网络信息归档带来三大难点：

一是所有权问题。有明确依据表明网络内容受知识产权保护，但在网络情境中，网络内容通常是由多个用户共同生成的。知识产权既适用于用户生成的内容，也适用于提供服务的网络平台，由此知识产权涉及多个组织和个人，其

---

[1] ZHAO X, SALEHI N, NARANJIT S, et al. The many faces of Facebook: Experiencing social media as performance, exhibition, and personal archive [C] // BODKER S, BREWSTER S, BAUDISCH P, et al. Proceedings of the SIGCHI conference on human factors in computing systems. New York, NY, USA: Association for Computing Machinery, 2013: 1−10.

[2] MARWICK A E, BOYD D. Networked privacy: how teenagers negotiate context in social media [J]. New Media & Society, 2014, 16 (7): 1051−1067.

[3] JONES W, BELLOTTI V, CAPRA R, et al. For richer, for poorer, in sickness or in health…the long-term management of personal information [C] // KAYE J, DRUIN A, LAMPE C, et al. Proceedings of the 2016 CHI conference extended abstracts on human factors in computing systems. New York: Association for Computing Machinery Inc, 2016: 3508−3515.

[4] BASS J. A PIM perspective: leveraging personal information management research in the archiving of personal digital records [J]. Archivaria, 2013, 75: 49−76.

[5] LINDLEY S E, MARSHALL C C, BANKS R, et al. Rethinking the web as a personal archive [C] //SCHWABE D, ALMEIDA V, GLASER H. Proceedings of the 22nd international conference on World Wide Web. New York: Association for Computing Machinery, 2013: 749−760.

[6] LOMBORG S. Personal internet archives and ethics [J]. Research Ethics, 2013, 9 (1): 20−31.

内含的关联难以明确并呈现出不透明性,知识产权所有者自然难以确认[1]。商业层面,用户在注册网络账号时明确同意平台的服务条款,这意味着将所有权和管理权赋予平台[2]。商业平台即便不主张拥有用户信息的所有权,依旧有权利捕获用户所有共享的信息,以服务于平台运营[3]。法律层面,知识产权法只保护创造性表达,用户在网络平台上公开发布的个人信息可能不处于保护范畴中。而网络平台所属公司汇总并使用用户偏好信息时,可主张商业机密所有权[4]。道德层面,用户发布在网络平台上的公开个人信息,或与个人生活密切相关的事实性信息应被视为公共信息还是私人信息,目前还没有统一的道德评估和决策标准[5]。总体而言,互联网和数字媒体领域更多地将用户视为数据生产者,而没有明确赋予其所有权[6][7]。

二是隐私保护问题。个人在使用网络多元化服务时,被收集的信息范围也扩展到与日常生活相关的各个领域,隐私问题逐步显露[8]。用户在网络中无意识或者积极的自我披露行为对个人隐私造成了威胁。由于个人对其所发布信息的流向以及利用情况没有充分的控制权[9],因此,他们难以追踪信息的传播过

---

[1] HOCKX-YU H. Archiving social media in the context of non-print legal deposit[EB/OL]. (2014-07-30)[2020-11-30]. http://library.ifla.org/999/1/107-hockxyu-en.pdf.

[2] FONDREN E, MCCUNE M M. Archiving and preserving social media at the library of congress: institutional and cultural challenges to build a twitter archive [J]. Preservation, Digital Technology & Culture, 2018, 47 (2): 33-44.

[3] POSTILL J, PINK S. Social media ethnography: the digital researcher in a messy web [J]. Media International Australia, 2012, 145 (1): 123-134.

[4] DETERMANN L. Social media privacy: a dozen myths and facts [J]. Stanford Technology Law Review, 2012, 7 (1): 1-14.

[5] LOMBORG S. Personal internet archives and ethics [J]. Research Ethics, 2013, 9 (1): 20-31.

[6] BEER D, BURROWS R. Popular culture, digital archives and the new social life of data [J]. Theory, Culture & Society, 2013, 30 (4): 47-71.

[7] THOMSON S D, BEAGRIE N. Preserving social media[R/OL]. Digital Preservation Coalition, 2016[2020-09-01]. http://www.dpconline.org/component/docman/doc_download/1486-twr16-01. DOI:10.7207/twr16-01.

[8] CHOI H S, LEE W S, SOHN S Y. Analyzing research trends in personal information privacy using topic modeling [J]. Computers & Security, 2017, 67: 244-253.

[9] BENSON V, SARIDAKIS G, TENNAKOON H. Information disclosure of social media users: does control over personal information, user awareness and security notices matter? [J]. Information Technology & People, 2015, 28 (3): 426-441.

程，同样也无法获知信息的最终拥有者，及其收集和利用信息的方式[1][2]。除此以外，个人信息，尤其是身份信息的泄漏，可能会导致来自现实世界和网络空间的恶意攻击，例如跟踪、诽谤、垃圾邮件等[3]。

  三是其他方面的管理挑战。一方面，个人存档意识欠缺与能力有限是个人网络信息归档的主要问题。意识层面，研究表明个人基本不了解网络平台上个人资料的安全性，且不是所有用户都意识到信息的价值和归档网络信息的必要性[4]。能力层面，个人缺乏信息管理素养，如难以判定信息的价值而保留超出其需求的内容[5]。个人信息管理的素养不足也表现为无法充分了解和使用技术来辅助信息管理[6]。另一方面，网络信息繁杂且内容相互交织，管理难度大。一是个人越来越多地获取、收集、共享和保存数字信息，此类信息经常与个人原创的网络信息混杂，并且随着时间的积累变得更加复杂和混乱[7][8]。二是网络信息在用户间相互渗透或重叠，如用户通常会通过共享、转发、评论等方式传播信息，或是多个主体共同创建一个话题等，难以判断信息归属[9]。此外，网络空间本身就面临各类技术风险，Clickjacking、Koobface、Spoofing 等攻击平台或用户的行为都会使得能力有限的个人泄露与丢失信息，甚至使个人的整个账户失去效用。

---

[1] LOMBORG S. Personal internet archives and ethics[J]. Research Ethics, 2013, 9 (1): 20−31.
[2] AUSLOOS J. The 'right to be forgotten' – worth remembering? [J]. Computer Law & Security Review, 2012, 28 (2): 143−152.
[3] ZHANG C, SUN J, ZHU X, et al. Privacy and security for online social networks: challenges and opportunities [J]. IEEE Network, 2010, 24 (4): 13−18.
[4] FONDREN E, MCCUNE M M. Archiving and preserving social media at the Library of Congress: institutional and cultural challenges to build a twitter archive [J]. Preservation, Digital Technology & Culture (PDT&C), 2018, 47 (2): 33−44.
[5] SINN D, KIM S, SYN S Y. Personal digital archiving: influencing factors and challenges to practices [J]. Library Hi Tech, 2017, 35 (2): 222−239.
[6] DEBATIN B. Ethics, privacy, and self−restraint in social networking [M] // TREPTE S, REINECKE L. Privacy online: Perspectives on Privacy and Self−Disclosure in the Social Web. Heidelberg: Springer Berlin Heidelberg, 2011: 47−60.
[7] MARWICK A E, BOYD D. Networked privacy: how teenagers negotiate context in social media [J]. New Media & Society, 2014, 16 (7): 1051−1067.
[8] LYNCH C. The future of personal digital archiving: defining the research agendas [M] // HAWKINS D T. Personal archiving: Preserving our digital heritage. Medford, NJ: Information Today, 2013: 259−278.
[9] LYNCH C. The future of personal digital archiving: defining the research agendas [M] // HAWKINS D T. Personal archiving: Preserving our digital heritage. Medford, NJ: Information Today, 2013: 259−278.

4. 个人归档网络信息的策略

为更好地归档网络信息，相关研究也为个人提供了一定的建议，但这些建议更多地体现在日常的管理行为上：

关于隐私保护：一是倡导个人用户要积极参与隐私保护规则的制定，其中包括确定隐私保护范围[①]，如根据网络或人与人之间的关系来构建隐私框架[②]，并驱动网络平台提供更明确、清晰的隐私政策[③]。二是网络用户需要提高对其隐私的关注度，避免道德上的恐慌，并提升对信息技术的认知。这意味着用户必须意识到网络可能会对他们的隐私产生负面影响，并需要学习必要技能以减少或完全防止负面影响[④]。

在具体管理上，研究倡议个人应积极发挥在网络信息协同归档中的作用。研究指出，归档网络信息或数字遗产不应仅仅是记忆机构的任务，个人形成者、平台、研究人员、政府等利益相关者必须共同努力，开发出适用于多元主体参与归档的新模式和工具，例如设计面向协作的模型，内嵌一系列立足于不同主体特征及需求的归档服务，并构建相应的机制以允许利益相关者之间共享责任和工作量[⑤]。

1.5.2.3 网络平台

基于平台视角讨论网络信息归档的研究主要形成以下结论：

首先，网络平台提供信息归档支持的重要途径是优化平台服务。平台服务的优化本质上要深入平台政策与功能的设计中，以完善信息形成、管理、保存和利用等环节。网络平台得以持续运行，根源在于信息是用户开展活动的载体，无论用户是在发布中形成信息、发布后归档管理信息，还是为建立"整体自我"而保管和整合信息，都需要信息管理的支持。同时，协调不同主体的信

[①] WEBER R H. The right to be forgotten: more than a Pandora's box [J]. Journal of Intellectual Property, Information Technology and Electronic Commerce Law, 2011, 2 (2): 120—130.

[②] MARWICK A E, BOYD D. Networked privacy: how teenagers negotiate context in social media [J]. New Media & Society, 2014, 16 (7): 1051—1067.

[③] AUSLOOS J. The 'right to be forgotten' — worth remembering? [J]. Computer Law & Security Review, 2012, 28 (2): 143—152.

[④] DEBATIN B. Ethics, privacy, and self-restraint in social networking [M] // TREPTE S, REINECKE L. Privacy online: Perspectives on Privacy and Self-Disclosure in the Social Web. Heidelberg: Springer Berlin Heidelberg, 2011: 47—60.

[⑤] HOCKX-YU H. Archiving social media in the context of non-print legal deposit[EB/OL]. (2014—07—30)[2020—11—30]. http://library.ifla.org/999/1/107-hockxyu-en.pdf.

息需求和信息空间引发的公私矛盾等更有赖于平台的辅助。换言之，网络平台作为信息资源库，本身就需要通过良好的信息管理以最大化地发挥其价值与功能。网络作为档案馆保存了用户的各种信息，包括个人自我表达、社交活动、关于社会的知识等，是用户和未来的研究者、社会访问和利用过往痕迹的平台，是不可或缺的数字记忆，管理好这些信息不仅对用户乃至社会具有价值，更是平台可持续运营的路径。

其次，网络平台的某些特性，对用户自主归档信息提出挑战，需要平台发现这些挑战并提供相应对策。一方面，网络平台主要由个人用户组成，大量兼具私人属性和公共开放需求的信息在管理上矛盾凸显。例如，同平台有合作关系的第三方机构获取并使用信息对用户带来的隐私危机、平台将数据保管业务外包的泄漏风险等都需要网络平台根据具体情况优化运营模式。另一方面，相比作为信息形成者的用户，网络平台对信息有显著管控权，对信息保存位置、保存时限、如何保存与利用有更直接的控制和表达。因此，用户权益平衡需要更完备的信息管理机制。如若平台缺乏良好的服务，则可能造成个人或组织的声誉损失、信息资产继承问题不明的纠纷等。

同时，由于用户缺乏专业能力与管理资源，平台应提供怎样的支持有着更明确的方向。当下针对用户的问题识别与对策发现较多，尤其是在大数据等技术导向下，对网络信息大规模的捕获和开发，更要求关注隐私，与之相关的信息完整性、可用性、知识产权等更是得到多方探讨。用户的个人身份信息、个人空间隐私、交际隐私以及某类隐私信息如地理位置信息的具体风险，从技术、管理角度等都得到一定分析，这要求平台采取完善架构、运行机制、功能配置等措施，如构建面向社交网络的私人文件隐私保护机制。同时，研究对于"平台支持"方向的关注开始从涉及隐私的个人信息向用户在网络平台上形成的各类记录拓展。

最后，研究认为网络平台提供的支持并不完善，无法满足用户系统归档信息的需求。相应对策包括：第一，建立平台、用户、开发者、研究机构、记忆机构间的信任机制，平台政策应平衡各方权益和义务，为系统归档信息减少法理与伦理风险。第二，完善信息归档以及全生命周期的管理功能。网络本身就是管理工具，须面向个人用户细化管理功能，包括捕获、分类、加工、检索、利用、分享等，同时应配置将信息向其他空间迁移或直接删除等处置功能。第三，技术上提供保障，面向个人用户的归档需求开发各类工具。例如，开发基于代理的隐私保护设计 API、构建去中心的数据共享架构、完备数据匿名化自动处理机制、开发数据保护模型等。

1.5.2.4 其他参与者

现有研究中对其他参与者的提及有限，主要包括政府、非营利与专业组织、信息存储与保管服务商。

政府负责网络空间的顶层治理，包括归档所涉及的各类信息行为的监管与信息活动规则的制定、组织架构的配置等。此外，电子政府自身的职能活动、决策运作越来越依赖于公共网络情报，这就要求政府收集、保管公众网络信息来支持决策并对信息空间进行监管[1]。而在对个人数据进行聚合、管护与利用的过程中，私人信息内容的挖掘无法避免，政府、商业平台等主体侵犯个人隐私、永久保存个人信息的风险随之增加[2][3][4]。现有法律框架无法匹配网络空间信息流对象所涉及的复杂情境，如缺少对隐私权、被遗忘权两大关键权利的基本保障。首先，平衡电子政务发展和保障个人信息隐私权问题最为紧迫。充分的个人数据保护对于提高公众对网络政府的信任与促进电子政务发展至关重要[5]。相应对策包括：审查并更新国家相关法律法规，补充对"隐私权"的识别以及对政府自身网络信息活动的行为规范，明确并实施网络信息监管框架[6]；无条件永久保存个人信息的无序状态也亟须政策工具予以改变[7]，如个

---

[1] LYON D. Surveillance, snowden, and big data: capacities, consequences, critique [J]. Big Data & Society, 2014, 1 (2): 1–13.

[2] DEBATIN B. Ethics, privacy, and self-restraint in social networking [M] // TREPTE S, REINECKE L. Privacy online: Perspectives on Privacy and Self-Disclosure in the Social Web. Heidelberg: Springer Berlin Heidelberg, 2011: 47–60.

[3] OBODORUKU B. Social networking: Information sharing, archiving and privacy [C] // BLANCHARD F, FAMELART V, LEYRER K. 24th BOBCATSSS Conference. Lyon: Enssib, 2016: 295–315.

[4] WU Y. Protecting personal data in E-government: a cross-country study [J]. Government Information Quarterly, 2014, 31 (1): 150–159.

[5] DEBATIN B. Ethics, privacy, and self-restraint in social networking [M] // TREPTE S, REINECKE L. Privacy online: Perspectives on Privacy and Self-Disclosure in the Social Web. Heidelberg: Springer Berlin Heidelberg, 2011: 47–60.

[6] PAPACHARISSI Z, GIBSON P L. Fifteen minutes of privacy: Privacy, sociality, and publicity on social network sites [M] // TREPTE S, REINECKE L. Privacy online: Perspectives on privacy and self-disclosure in the social web. Heidelberg: Springer Berlin Heidelberg, 2011: 75–89.

[7] AUSLOOS J. The 'right to be forgotten'–worth remembering? [J]. Computer Law & Security Review, 2012, 28 (2): 143–152.

基于多元数字技术的网络空间参与式归档

人数字遗产如何从个体领域转移至公共领域需要实际性、框架性公共政策的指引[1][2]；政府需提高多元社会主体对信息资产价值的认识，并鼓励其主动参与网络数据管护[3]，同时为网络数据的社会开发利用搭建基础设施，例如面向研究者搭建网络数据研究基础设施，保障网络数据集的合法捕获与长久可用[4]。

基于集体目标，非营利与专业组织主导或参与主题网络信息的归档活动，拓展了社会化归档实践方法[5][6]，研究性组织成为主要的用户群体，重视数据集的收集保管、共享利用。另有网络信息考古等领域的研究者从历史网络信息失效问题出发，探寻网络信息资源的归档及其长久保存策略，并尝试将相关网络数据进行归档。现有实践受到平台规则、信息收集的公共伦理等诸多限制，而已有解决方法包括不断与网络服务提供商协商改进数据共享规则，或选择第三方商业平台存储数据集[7]。除研究性组织外，社会活动与公益组织的归档支持作用得到认同，如部分实践研究者提出，在重大事件社交媒体信息归档项目中快速确认公众对事件信息的动态需求，最佳方法是与"最接近事件发生地"的群体、组织合作，但部分社群高度重视信息主权，排斥机构方的归档合作，

---

[1] JONES W, BELLOTTI V, CAPRA R, et al. For richer, for poorer, in sickness or in health…the long-term management of personal information [C] // KAYE J, DRUIN A, LAMPE C, et al. Proceedings of the 2016 CHI conference extended abstracts on human factors in computing systems. New York：Association for Computing Machinery Inc, 2016：3508-3515.

[2] LYNCH C. The future of personal digital archiving: defining the research agendas [M] // HAWKINS D T. Personal archiving: Preserving our digital heritage. Medford, NJ: Information Today, 2013：259-278.

[3] VISCUSI G, BATINI C. Digital information asset evaluation: characteristics and dimensions [C] // CAPORARELLO L, DI MARTINO B, MARTINEZ M. Smart organizations and smart artifacts. Cham：Springer International Publishing, 2014：77-86.

[4] JEFFREY S. A new digital dark age? collaborative web tools, social media and long-term preservation [J]. World Archaeology, 2012, 44 (4)：553-570.

[5] LINDSTRÖM L. Archiving in the era of online activism: challenges and practices of collecting and providing access to activist social media archives[EB/OL]. (2019-06-12)[2020-11-30]. https://lup.lub.lu.se/luur/download?func=downloadFile&recordOId=8980793&fileOId=8980795.

[6] OBODORUKU B. Social networking: information sharing, archiving and privacy [C] // BLANCHARD F, FAMELART V, LEYRER K. 24th BOBCATSSS Conference. Lyon：Enssib. 2016：295-315.

[7] KINDER-KURLANDA K, WELLER K, ZENK-MÖLTGEN W, et al. Archiving information from geotagged tweets to promote reproducibility and comparability in social media research[J/OL]. Big Data & Society, 2017, 4(2)：1-14 [2020-11-30]. https://doi.org/10.1177/2053951717736336.

将其视作对社群自我体系的干预[①]。

信息存储与保管服务商通过专业、成熟、相对安全的信息保管服务提供技术保障。此类服务商利用软硬件基础设施面向个人、机构提供网络信息线上云存储、云保管等归档相关服务[②][③]。云存储服务包括集成备份、恢复和迁移，而云保管服务偏向长久保管，并向开发利用方向延伸[④]。使用服务商归档服务具备一定优势，如解放本地存储，利于依托专业技术加深数据挖掘等。

1.5.2.5 不同参与者的协作

参与者不仅要立足于自身视角，同时也要在协作框架下明确其相互关系与实践策略。

1. 记忆机构系统内的协同

研究通过分析和比较各国网络信息归档项目，提倡在记忆机构系统内，档案馆应与图书馆一起承担作为网络信息归档保存主体的责任。首先，从主体责任的合理性来看，网络信息的收集、归档和长久保存工作实质上是对网络信息的档案化管理，是档案馆职能在网络时代的合理延伸；而图书馆作为保存人类文化遗产的公共文化机构，理应保存数字出版物、学术或科技信息等知识类信息资源。其次，从合作协同的可行性来看，网络信息在保持爆炸式增长趋势的同时也在快速更新、消逝，这增加了网络信息归档项目的实施难度。同时实践项目的长期性、技术性、专业性也同样带来了挑战。档案馆与图书馆可在归档保存网络信息的类型上进行分工，合作制定标准并统一归档技术、手段，集成人力、物力与财力以保障网络信息归档项目的可持续性[⑤]。具体到政府网站信息存档，现有实践中多是由图书馆担任政府网站信息归档保存的实施者甚至是某种程度上的主导者，但保存政府机构、社会组织及个人在社会活动中形成的

[①] PAPACHARISSI Z, GIBSON P L. Fifteen minutes of privacy: privacy, sociality, and publicity on social network sites [M] // TREPTE S, REINECKE L. Privacy online: Perspectives on privacy and self-disclosure in the social web. Heidelberg: Springer Berlin Heidelberg, 2011: 75—89.

[②] THOMSON S D, KILBRIDE W. Preserving social media: the problem of access [J]. New Review of Information Networking, 2015, 20 (1—2): 261—275.

[③] BASS J. A PIM perspective: leveraging personal information management research in the archiving of personal digital records [J]. Archivaria, 2013, 75: 49—76.

[④] LYNCH C. The future of personal digital archiving: defining the research agendas [M] // HAWKINS D. T. Personal archiving: Preserving our digital heritage. Medford, NJ: Information Today, 2013: 259—278.

[⑤] 赵展春. 网络信息归档保存的档案馆责任主体研究 [J]. 档案与建设, 2014 (10): 23—26+30.

原始记录是档案馆的职责所在。随着信息通信技术的广泛运用，越来越多的记录形成于网站、社交媒体等网络平台上，部分网络信息理应纳入档案馆的归档范围之内[①]。

2. 多主体跨界协作

研究主要聚焦于以政府机构、记忆机构和网络平台为核心的主体协作。自政务新媒体文件管理始，这三者在我国社交媒体文件管理中扮演的角色便值得商榷：政府部门是政务新媒体文件的发布者和最直接的利益相关者，也是政务新媒体信息版权的原始主体；档案馆是政府集体记忆的官方托管机构，有义务收集并保存具有长久保存价值的公共记录；微博等第三方平台是政务新媒体文件发布、传播和存储的主要平台，只进行技术合作和互助共赢，而不承担主要义务[②]。研究在厘清三方主体地位、作用及其相互关系的基础上，为促成多主体合作、应对协调的复杂性提出了三种主体协同机制：一是政府机构主导型。作为形成者的政府机构组织并推动政府新媒体文件的归档工作，由第三方机构提供技术支持，档案馆则制定捕获、鉴定、组织等的标准并实现长期保存。针对更广泛的网络信息资源，可扩充为形成者主导模式。二是档案部门主导型。档案部门发挥其专业优势，以政务类信息或社会类信息为主要的归档对象，对整个网络信息归档工作进行前端控制和全程管理，第三方平台同样提供技术支持，而政府机构作为主要的形成者在信息发布时应遵守档案部门制定的标准规范。三是社交媒体运营商主导型。以微信、Facebook 为代表的第三方平台以营利为目的向社会提供信息服务，并成为社交媒体信息归档保存的组织者和推动者，作为形成者的政府机构授权第三方平台捕获、保存信息，并对其权利范围进行限制，档案部门则提供归档标准、流程等方面的专业指导。

随着跨界趋向的深入，多元的跨领域合作更加明显，研究不再局限于仅将政府机构作为形成者或记忆机构，而是指出图书馆、档案馆、高校、公司、非营利组织甚至是个人都应该是保存主体，并应展开合作，且在不同的阶段各有侧重，因而建立良性的责任主体协作网络势在必行[③]。该策略不仅仅体现在归档上，还基于整体工作流程和具体工作阶段（如鉴定）等角度分类剖析，例如研究通过考察和细化社交媒体信息档案化管理的职能，把庞杂零碎的主体归纳

---

① 李宗富，黄新平. 基于 5W2H 视角的政府网站信息存档研究 [J]. 档案学通讯，2016（2）：68-72.
② 宋香蕾. 政务微博档案化模式研究 [J]. 档案学研究，2017（1）：51-56.
③ 陈萌. 国内网络信息资源保存研究进展 [J]. 图书情报工作，2014，58（11）：137-142.

成文件管理者、活动支持者和执行监督者三种角色。其中文件管理者由形成者、文化机构、社交媒体平台方等构成，承担社交媒体信息档案化管理的职能活动；活动支持者由技术服务商、专业社会组织等构成，提供技术、智力、决策三方面的支持；执行监督者可由相关主管部门或第三方主导，对社交媒体信息档案化管理活动进行监督、检查、考核[①]。在总体趋势方面，研究捕捉到了记录主体的动态变化，即由传统时代的一元化向互联网时代的多元化发展，这使得政府档案记录的视角由"以我为主"的自述转向对政府与公众互动关系的关注[②]。亦有学者对转型过程中出现的保管主体与形成主体的冲突、深度沟通与全流程协同的缺乏、项目封闭等问题作出讨论。

1.5.3 研究评述

总的来说，已有研究成果明确了网络空间参与式归档的必要性与方向，但还存在如下不足：

第一，理论基础和模型构建不成熟，对参与的维度、要素、方法、机制等的描述有限。当前研究主要是从多元主体参与网络信息归档的角度阐释记忆机构、政府机构、司法机关、公众、社会第三方组织的基本职责。然而，从网络空间的复杂情境及其参与式归档的系统性来看，一方面，研究对整体视角下网络空间参与式归档的系统架构与方法建构存在不足；另一方面，研究偏重于关注记忆机构、个人信息形成者、社交媒体平台，对其他利益相关者的关注有限，且对于各参与者在网络空间日益复杂的情况下，如何协作、如何展开具体行动缺乏有效方法与方案设计。

第二，实证研究多是针对官方机构，未从整体视角布局多主体参与网络空间归档的行动方案。已有成果主要以机构形成者和记忆机构为主要对象展开实践案例分析，对其他类型参与者相关的实践调查、梳理和解析有限。

第三，尽管现有挑战已明确指向技术维度，但对策的提出并不完善。具体来说，已有成果没有深入理解与分析参与式归档的技术需求，未形成充分融合技术的参与式归档实施方法及具体方案。

---

① 何思源. 社交媒体信息的档案化管理：概念模型与管理模式 [J]. 浙江档案, 2019（4）：28–31.

② 陈永生, 杨茜茜, 王沐晖, 等. 基于互联网政务服务平台的文件归档与管理：记录观 [J]. 档案学研究, 2019（3）：16–23.

1.6 研究内容

1.6.1 研究问题

基于前述研究背景与现状分析，本书的研究问题聚焦于网络空间参与式归档的基本原理、规律与方法是什么。

1.6.2 研究基础

社会治理与自组织理论为本书的核心理论基础。社会治理理论倡导政府、社会组织、社区以及个人等多种主体通过协作，依法对社会事务、社会组织和社会生活进行引导和规范[1]，这为多主体参与提供了理论支持。一方面，社会治理理论的内核指向后现代的社会转型，要义是融合官方管理与社会自治，实现多元主体协同，这同参与式的档案管理在理念上不谋而合[2]。另一方面，社会治理理论逐步凸显公众参与，尤其在我国情境下形成了有关基层治理的丰富成果，为参与提供了机制和路径上的基本参考。

自组织理论探讨了复杂自组织系统，如社会系统的形成和发展机制问题[3]，这为参与式管理提供了更加系统的设计思路。自组织理论既可用于解析网络空间作为复杂系统的建构与管理机制，亦有助于理解参与式管理的社会性自组织行为，帮助认识与理解多元主体在网络空间中实现自主、有序、协同所需要的条件、动力、形式和途径等，为归档主体、信息、媒介等要素如何形成有生命力的系统提供建构依据。

---

[1] 张康之. 论主体多元化条件下的社会治理 [J]. 中国人民大学学报，2014，28（2）：2-13.

[2] 燕继荣. 社会变迁与社会治理——社会治理的理论解释 [J]. 北京大学学报（哲学社会科学版），2017，54（5）：69-77+2.

[3] LEYDESDORFF L. Is society a self-organizing system?[J]. Journal of Social and Evolutionary Systems，1993，16（3）：331-349.

1.6.3 研究框架

本书旨在立足多元数字技术环境,为网络空间的有序治理提供系统的参与式归档管理方案,从而为国家、社会与个人提供真实、可信、有效与安全的档案化网络信息资源。本书主要回答以下几个问题:网络空间为档案领域提供何种契机与挑战;档案理论与方法如何拓展,转型至何处;社会治理与自组织理论框架下的参与式归档包含哪些要素与层级,如何识别、关联与贯通,由此呈现的是怎样的系统与体系;应用多元数字技术的网络空间参与式归档的构想将是怎样的。

主要研究内容如下:

第一,基于社会治理与自组织理论的网络空间参与式归档理论构建。

旨在为网络空间的参与式归档提供理论支撑及指导思想,解决档案理论在网络环境中的适应性问题。具体内容包括:参与式管理的理论追溯,网络空间中档案理论与方法变革的触发点,网络空间参与式归档的核心概念及概念体系,网络空间参与式归档的概念框架。

第二,网络空间参与式归档的通用框架设计。

从通用性及规范性的角度出发,立足实践发现网络空间参与式归档的基本规律和通用方法,为网络空间参与式归档提供行动框架。具体内容包括:网络空间的建构与运行机制,网络空间归档实践,网络空间参与式归档的原则与方法,网络空间参与式归档的要素与层级,网络空间参与式归档的功能模块与流程。

第三,应用多元数字技术的网络空间参与式归档构想规划。

对照理论框架与模型,设计结合多元数字技术的网络空间参与式归档构想,为实践提供策略指导。具体内容包括:数字技术环境的整体分析与代表性技术的识别,参与式归档通用框架的实施要求梳理,实施要求与现有数字技术的对照分析及应用论证,网络空间参与式归档的实施框架与具体内容,针对实施框架与具体内容的技术应用构想。

研究框架见图1-2。

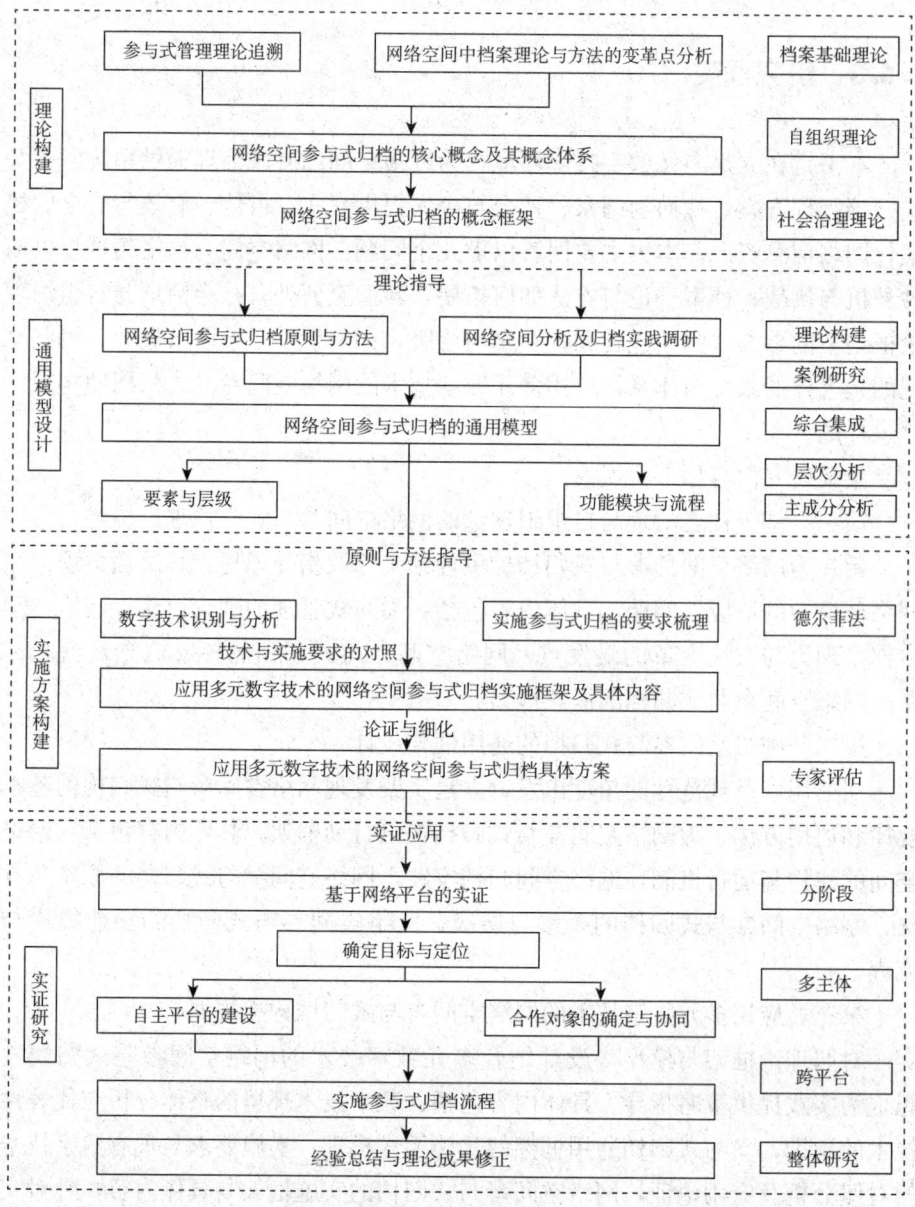

图1-2 研究框架

1.7 预期成果

本书的主要成果包括：阶段性成果为以"基于多元数字技术的网络空间参

与式归档"为主题的系列论文，最终成果为以"基于多元数字技术的网络空间参与式归档"为主题的研究报告。使用去向及预期社会效益体现为：

（1）参加国内外学术会议与发表优秀期刊论文，丰富相关研究，为国际领域提供中国经验。

（2）为网络平台出台与设计更加满足参与式归档要求的用户协议与功能提供参考。

（3）为政府部门制定网络环境中文件、档案、信息等方面的政策提供决策支持与信息参考。

（4）为档案机构提供网络归档方案，涵盖参与式归档的定位、目标、任务与方案等。

（5）为个人与社群的网络空间归档管理提供指导与帮助。

1.8　创新与局限

1.8.1　创新

（1）选题拓展。一方面，本书的研究范畴突破了多数学者所着眼的政府或主流机构形成的网络信息，立足整体网络空间，将其扩展到各类主体形成的、可能进入档案领域的各种信息，研究变量大为增加。另一方面，基于社会治理与自组织理论的应用，从理论与方法上解决了多主体共同参与归档的实施问题，立足多元数字技术的视角将前沿技术与理论构建成果对照，完成管理创新的深化。

（2）观点新颖。一是在网络与档案的关系上，突破多数研究所着眼的网络改善档案传播等的工具性视角，扩展到网络引发档案工作主体和客体变化的全面视角，特别是网络信息成为归档对象的全新方面，进而提出参与式归档的总体设想和实现路径；二是在网络空间与档案管理的关系上，突破了单向强调信息化对档案工作的影响，同时研究档案思维与方法对于信息领域的渗透和规范化管理的推进，赋予归档在网络环境中新的功能和社会价值。

（3）方法创新。一方面，突破了单一使用理论构建或案例研究的局限，将理论构建与案例研究相结合，既为指导案例研究设定好假设，亦从案例研究中修正与补足理论构建。另一方面，不同的研究部分均有针对性的研究方法，既根据自组织理论应用综合集成法，也采用多种评估方法优化归档模型。

1.8.2 局限

网络空间情境庞杂，因此参与式归档涉及面极大，对理论构建与实践验证的要求较高。本书由于资源和研究时间所限，存有如下待完善空间：

（1）参与式归档除了多元主体协同要义，还涉及信息对象、媒介、社会网络等要素，其设计尽管参考了成熟的社会治理与自组织理论，但应用于归档这一特殊情境，从理论架构到实践方案的构建上亦需逐步完善。

（2）尚需更多元与深入的实证。网络空间提供的是跨平台、跨主体、跨对象、跨方法的多元情境。相比之下，本书的实证研究主要是从第三方入手，且选取的平台、归档主体和技术有限，仅验证了参与式归档方案的一部分。

（3）技术方案。研究旨在探讨网络空间参与式归档是什么与如何实现，当前针对如何将技术落实于实践的讨论主要是在方法和策略层面展开，在未来尚需向更具体的方案设计层面延伸。

第 2 章　参与倡议：网络空间作为档案库显示的信息归档情境

网络空间为人类世界提供了前所未有的信息活动基础设施与全方位变革的信息机制，从背景、形式、内容等方面呈现多元变化的信息要素，由此创建出"倡议"参与的复杂归档情境。

2.1　信息视角下网络空间的基本要义

2.1.1　信息视角的凸显

网络空间（Cyberspace），最早出现于吉布森在 1984 年出版的小说《神经漫游者》中，指电子设备接入人体神经网络后产生的幻境，是建构在物质载体之上的虚拟空间。作为一个存在于多重维度内的变量集合，它常用来指代信息虚拟环境及人与信息之间的互动[1]。随后，网络空间作为专业术语在不同领域中被提及，而各领域提及网络空间时强调的侧重点各有不同。

整体上，网络空间被表述为伴随着信息科技发展而出现的一个全新的人造空间，这个空间覆盖地球上的全部计算机、手机、通信设施、媒体等信息终端、信息传输系统和数字信息内容，是不同信息要素之间连接交互而形成的智能虚拟空间[2]。该空间是人类社会活动和财富创造的全新领域，使生物、物体和自然空间建立起智能联系[3]。由包括计算机系统、网络及其软硬件支持，覆盖内容数据与流量数据的计算机数据以及用户在内的所有或部分要素，组成了

---

[1] 威廉·吉布森. 神经漫游者 [M]. 雷丽敏, 译. 上海：上海科技教育出版社, 1999.
[2] 崔保国. 世界网络空间的格局与变局 [J]. 新闻与写作, 2015（9）：25—31.
[3] 惠志斌, 唐涛. 中国网络空间安全发展报告（2015）[M]. 北京：社会科学文献出版社, 2015.

物理或非物理的交互领域[1]。在这种定义之下，网络空间并非一种幻想空间，也不单是传递信息的工具，而是与客观现实同构共生的、用交互技术创造的虚拟现实，是一个容纳政治、经济、文化、社会、宗教等众多领域的电子场。这些领域紧密依存，相互影响，彼此穿越，多维映射[2]。

从偏重基础设施的角度来看，作为数字基建的产物，网络空间可被界定为通过计算机网络传递数字化信息的抽象空间[3]。它由独立的信息技术基础设施网组成，包括互联网、计算机系统以及重要行业的嵌入式处理器和控制器。从国家安全的视角来看，它被视作国家的中枢神经系统，由无数相互关联的计算机、服务器、路由器、交换机和光缆组成，支持着关键基础设施的运转，是国家和经济安全的基础[4]。

随着信息日益成为网络空间的核心组成要素，从信息视角下界定网络空间还应点明网络空间是社会活动的信息留痕和信息环境建构[5]。一方面，网络空间的界定除了应从组成上表明含有数据、信息或内容外，更应延伸为基于信息要义而非基础设施的内涵表达，直接指出网络空间的本质是由信息组成的虚拟空间[6]。另一方面，该界定将网络空间的定义从在线交换信息的电子媒介[7]，拓展为以信息通信设施及其使用者为基础，以数字化信息创造、存储、修改和流动为内容的互联互动空间[8]。由此，可从信息视角深入认识网络空间的建构机制、运行模式和具体表现。

---

[1] International Telecommunication Union. ITU toolkit for cybercrime legislation [EB/OL]. (2010-04-27) [2020-12-02]. https://www.combattingcybercrime.org/files/virtual-library/assessment-tool/itu-toolkit-for-cybercrime-legislation-%28draft%29.pdf.

[2] 陈伟军. 虚拟社区中的社会思潮传播与价值形塑 [J]. 浙江学刊, 2013 (1): 183-193.

[3] United States. Department of defense. department of defense dictionary of military and associated terms [M]. Washington D C: Joint Publication, 2016.

[4] 辛本健. 美国确保网络空间安全的国家战略 [J]. 外国军事学术, 2003 (4): 37-40.

[5] THE WHITE HOUSE. Cyberspace policy review: assuring a trusted and resilient information and communications infrastructure [R]. Washington D C: The White House, 2009.

[6] 孙中伟, 贺军亮, 田建文. 网络空间的空间归属及其物质性构建的地理认知 [J]. 世界地理研究, 2016, 25 (2): 148-157.

[7] DAVID B, BRIAN L, NICHOLAS P, et al. Cyberculture: the key concepts [M]. London: Routledge, 2004.

[8] 张新宝, 许可. 网络空间主权的治理模式及其制度构建 [J]. 中国社会科学, 2016 (8): 139-158+207-208.

2.1.2 网络空间以信息为载体的构建

从信息维度可发现，网络空间中各种社会活动以信息为媒介展开，信息也作为活动结果留痕于网络中。这种过程与结果共存的模式，映射出活动平台与活动痕迹库兼具的网络空间，具体过程显示为：

（1）网络空间是当前各领域开展活动的重要场地。网络空间跨时空地连接所有网络用户，同时各类生活与生产活动向网络空间延伸，其结果是，大基数的用户生成"大数据"体量的信息资源库。当前，各领域均在网络空间中开发对应的活动平台，如办理政府事务的"互联网＋"政务平台，线上交易的电子商务应用，处理金融事宜的手机银行，用于不同形式社交的新媒体（如微博、微信、Facebook、Twitter等）。任何社会活动主体均可通过创建账户获得网络身份，以多元化社会活动为通道积极参与信息消费与生产。由此，通过各类平台以及网络空间中已开发或正在开发的各种技术与工具，人类获得充分的在"新空间"中开展活动的基础设施与应用支持。不同的网络用户在或主导或参与或无意识涉及的活动中共同推进可持续的网络信息资源库建设，但该过程具有随机性。

（2）网络空间各项活动均依托信息得以留痕。这些被记录且可被固化的信息发挥其作为活动工具、交流媒介、凭证、资源、资产的作用。涵盖的内容遍布各类社会活动，难分公私。例如，组织机构、群体及个人通过办理文件、提交信息、发布状态、互动评论、转发、跨平台共享、点赞、收藏等方式形成信息[1]。

一方面，无论活动形式如何，信息都是必要元素。网络空间中的信息既是开展活动的媒介，也是开展活动后的产物。相比于其他工具形成的记录而言，它产生于网络空间，有着显著的特征。具体来说，口语、肢体、表情在线下活动中往往用于即时交流，从而凸显了文本的记录特质。相比之下，网络空间则跳脱了文本这一人类世界主流的记录形式，图片、视频、音频甚至直播流成为该空间中更广泛的记录留痕方式，实现了各类形式信息的可固化。同时，网络空间的重要功能就是使各类网络用户实现信息的共建、共享、共用，其载体是

---

[1] ALEXANDRA E. Welcoming the world: an exploration of participatory archives[EB/OL]. (2012－07－29)[2016－03－09]. http://ica2012.ica.org/files/pdf/Full%20papers%20upload/ica12Final00128.pdf.

各种或零碎或系统的信息活动，其内容指向的是社会发展的各个方面。例如，网络空间或被用于即时形成并可同步于生产活动的交流信息，或被视作信息库用于拓展认知与学习知识，或被用于有意识的记录与记忆，又或被用作文化资源生产与经济资产创造。

另一方面，在网络空间中，信息成为用户展示个体性的要素，通过信息的累积逐步塑造出立体化的数字身份，与现实中的个体对照并关联。只要掌握网络入口与入网工具，各类活动的时空局限便会弱化，不同世界观下的活动表达由信息实现且累积，由此建立出代表"自我"的线上个体空间，映射并拓展了各个组织机构、群体以及个人。同时，网络用户的角色在信息消费者、生产者、传播者、加工者之间相互转化，信息在此过程中相互叠加缠绕，在繁杂的社交网络作用之下难以一窥全貌。

（3）网络空间对人类世界的重大贡献就是数字化拓展。用户将现实身份映射至网络空间或在网络空间中建立新身份，带来的是日益丰富的"身份"内涵和更加复杂的身份认同，由此构筑出来源于实体却超出实体世界的身份。网络用户数量攀升的直接结果是人类世界也需要依托网络空间实现规模化的数字扩张：一方面，通过迁移，部分实体世界的生产与生活活动可以直接在线上开展，如依托政务网络、网站到社交媒体的全覆盖建设，政府的办公自动化、线上议政厅、在线政务服务平台等逐步建成，数字政府随之得到系统建构，其功能与政府的实体空间并驾齐驱甚至得以拓展。需要注意的是，这不是对现实活动的照搬，而是改变人类世界已有的运行模式，也相应改变信息形成与传播机制。例如，人的社会化由以人际为核心大大拓展为以内容为核心，并转为社群建设。另一方面，虚拟世界的活动可能很少或并不在现实中发生，如在线游戏的普及或在线社区中公民专家身份的扮演。

（4）从信息的角度来看，网络空间广泛建设带来了复杂的信息生成与传播机制，产生了海量交缠叠加的信息与信息现象。一方面，在信息生成与传播机制上，参与信息流程的主体类型、基数、所记录的内容、传播路径等均发生了变化，甚至反向引发社会活动模式在政治、经济、文化等领域的变革，这也对后续全过程、全方位的信息管理提出了难题，同时也带来了信息管理的创新与升级空间。另一方面，在信息结果上，背景、形式与内容的变化亦值得关注。由于用户更注重信息内容中可挖掘的知识，网络空间中的信息不仅是数字化的、以量化为核心的数据，文字、方位、社会网络也都成为可计算的对象，因此网络信息具有证据、记忆、资产与资源的多层次价值。虽然这种信息对象是在去中心化的背景下形成的，但由于去中心化的前提恰恰是日益密切的社会关系,因此这种信息对象背后牵引的是有待发现、维护与利用的各种复杂联系,所以信息通过关联汇集出的是人类世界前所未有的信息资源库。

2.2 网络空间的档案库特性显示

网络空间在社会学领域被称作"虚拟档案库"。尽管它指代的不是严格意义上的真实、可靠、完整的文件与档案,而是更加宽泛的信息,但网络空间持续生成、累积,以及提供"考古"利用信息的功能已得到愈加广泛的认同[1]。换言之,各类信息行为构建出或大或小且相互关联的信息资源库,也由于信息的累积、保管和处置形成日益复杂化的档案库,其档案特性显示为以下方面。

2.2.1 档案价值显著

网络空间所构建出的信息资源库的价值体现为多个方面:首先,证据价值充足。这是由于信息作为网络空间中各项活动的痕迹本身就是活动的重要见证,如果得到有效管理则可以充分用于法律事务之中。例如,2020年5月1日生效的《最高人民法院关于修改〈关于民事诉讼证据的若干规定〉的决定》所明确的电子数据范围涵盖网页、博客、微博客等网络平台发布的信息,手机短信、电子邮件、即时通信、通信群组等网络应用服务的通信信息,用户注册信息、身份认证信息、电子交易记录、通信记录、登录日志等信息,文档、图片、音频、视频、数字证书、计算机程序等电子文件,其他以数字化形式存储、处理、传输的能够证明案件事实的信息。上述列举与界定的电子数据无一不与网络空间的信息结果清晰对应乃至重合。其次,网络信息充分对接人类世界的人文需求。网络空间的信息机制面向大基数用户,事无巨细地服务于不同领域、方面与层级的社会活动,从而实现丰富的信息留痕与信息的跨时空累积,由此形成具备深层时间特质的考古型信息资源库。这样的资源从整体上可为人类世界提供记忆存储效用,为人类的发展进程保存相关历史研究材料。同时,从个体视角出发,这些资源可用于展示个体特质、回顾个体生活史,亦是个体共筑集体记忆的基础。再次,网络空间是大数据的生成与存储地,为人类

---

[1] ROBERT W, Gehl. A cultural and political economy of Web 2.0 [D]. Virginia: George Mason University, 2010.

世界提供了推进社会、文化、技术发展不可缺失的材料。例如，一个主流的网络平台每天收录的信息源于数亿用户的点击和上传，这些信息是从用户视角优化平台服务的资源支撑，更是开展商业活动的基本参考。因而，这些信息被视作平台得以持续运营并获益的核心资产，信息的保存也就成为平台的"常规动作"[1]。最后，这些信息亦是国家与社会资产的来源，是数字政府、数字经济、数字文化、数字社会等不可或缺的内容组成。例如，我国在2020年发布的《中共中央 国务院关于构建更加完善的要素市场化配置体制机制的意见》中将数据纳入生产要素，而这里的数据大多指向网络空间。

2.2.2 原始记录性显现

网络空间作为诸多活动的第一场景，形成了大量具有档案特质的原始性记录。同时，由于网络空间的建设机制是以信息"滚雪球式"的汇集为基础，原始性记录在效率最大化的理念下得以持续保存与累积。一方面，得益于数字基础设施的有效建设与数字设备的普及，网络空间成为人类世界生产与生活不可或缺的平台，甚至成为部分活动的首发平台，其形成的各类一手信息源自各类"互联网+"的活动：数字政府将大量政务服务迁移至网络端，公众广泛地将各类社交媒体作为其参与社会治理的工具，企业普遍开展在线品牌运维活动；传统媒体纷纷进行数字化转型，个人的生活、学习甚至是工作场景已嵌入线上平台。这些信息完整或零碎地记录着不同组织机构、群体、个人的事务，是留痕后的一手记录。在各平台均较为重视数据安全的趋势下，形式与内容可实现一定程度的固化管理，网络空间的信息公开机制相对完善，背景、形式、内容的改变尽管存在，但亦是可识别的。另一方面，网络空间持续运营的核心机制在于用户兼具信息消费与生产者的身份，拥有多重身份的用户广泛参与网络空间建设，使得已有的信息资源在滚动中不断拓展与增值。随着信息的累积实现"历史性"传承，诸多原始记录组成的档案库就这样在无意中形成了。

2.2.3 档案化管理显示其中

尽管不同平台网络空间所形成的信息资源库的管理情况各异，但档案化管

---

[1] 冯惠玲，钱明辉. 动态资源三角形及其重心曲线的演化研究[J]. 中国软科学，2014，29（12）：157-169.

理的趋势均日益显著。各类主体的信息归档管理实践在网络空间中落实，表现为形成直接的网络档案库，或是以档案化的模式将重要管理要求嵌入网络空间的运行过程中。在日益增多的主体参与下，愈来愈多的信息得到有效且规范的全程管理，从而促进信息库的档案化，随之助推网络空间用户档案意识的日趋普及。现有行动主要表现为：①档案馆、图书馆等记忆机构将保管网络空间信息作为网页归档的重要模块，如英国国家档案馆的政府网络档案库和美国国会图书馆的 Twitter 归档项目。②政府机构等形成者在法律框架下捕获其形成的信息，并依据机构需求明确具体的归档方案，例如美国联邦机构已在 NARA 的指导下制定并实施了一系列网页与社交媒体文件的管理政策[①]。③网络平台也在逐步开发归档管理功能。例如 Facebook 为用户提供存档功能，用户可在账户设置中启用该功能，这为不同信息的归档保存提供相应的支持。④由于网络信息归档管理的专业性与复杂性，文件、档案管理的外包服务将其纳入业务范畴。例如，Archive Social 公司就向诸多美国联邦机构提供社交媒体信息的归档服务，其宗旨是为客户提供全流程的文件管理服务，以确保机构能够在社交媒体文件方面符合法律法规的要求。针对政府机构所设立的社交媒体账户中形成的社交媒体文件，政府机构可通过购买服务，委托外包机构捕获、整合、提供利用。

这些行动都在促进那些真实有价值的信息更加符合档案管理的要求，使其在价值与质量获得保障的前提下得以保存与处置。由此，拥有档案性质的信息得到归档或档案化管理，网络空间档案库也同步形成并在网络空间的建设中得到维护。

2.3 网络空间作为档案库的新特征

档案库尽管在提法上显示了网络空间的档案特质，但并非档案空间面向网络环境的"照搬式"延伸，而是带有新特质的构建，即其档案性质是存在的，但具有新表现：

第一，网络空间档案库并不归属于严格界定的档案库类型，而是非纯粹的：①档案库只提炼了网络空间的一个维度，仅就这个维度而言，所谓的档案

[①] NARA. Bulletin 2014−02：Guidance on managing social media[EB/OL].（2014−02−25）[2020−05−07]. https://www.archives.gov/records−mgmt/bulletins/2014/2014−02.html.

更多的是累积和保存的信息，但信息本身是不是档案并不"绝对"明确。即便不考虑信息是否通过归档移交至档案馆从而明确成为档案资源，网络空间中的信息也并非都具有档案价值或满足档案质量要求。大量的信息噪声以及需要被处置的信息存在，均意味着网络空间具有的信息资源库只是包含了待"萃取"的档案类信息。具体来说，网络空间中的信息由大量的业余文学家、出版者、记者、音乐家、评论员等形成，而官方或主流机构基于规范档案管理流程与具体程序所形成的信息比例则相对较低。同时，这些信息即使有价值，其价值能否被形成者、保管者或潜在的利用者充分识别亦有诸多不确定性。②网络空间作为档案库并不存在由信息转向档案的整体的、统一的节点，也可能不应存在。网络平台上信息的形成、传播、留存并不是线性的，信息既在即时形成中，也在即时保存中，那些保存的信息也可以重新进入活跃的传播阶段。这些信息共处于一个大空间中，从时间维度来看也不会有信息与档案的明确边界。因此，面对网络空间这一非线性情境，归档这种明确伴有时空变更的行为能否发生、何时发生、如何发生有待商榷。③网络空间作为档案库并没有现有档案管理理论与方法所要求的绝对可控的稳定性，它的增长与消融存在较多不确定性。尽管网络空间在持续生长，但形成网络空间的各个平台的"寿命"往往是短暂的。自 20 世纪 90 年代以来消失的平台数不胜数，在诸多平台数日、数月至数年的时间跨度中，基本不可能存在档案的"永久性"，对应于实践就是各类网络信息的失存、失真现象。更具挑战的是，网络信息的失存、失真被视作"常态"，其利益相关者关注的是即时和短期利用的需求，而长期保存的要求则被忽视，档案的系统方法没有充分应用其中，维护信息优质性的档案化管理机制缺失，这些都导致网络空间各类档案库产生不完全可控的风险。

第二，网络空间中信息之间相互叠加与关联而汇集出的整体是档案特质可显性化的基础。这种复杂的有机关联的维护是网络空间被视作档案库的要义之一：①从微观的信息视角来看，信息在其全生命周期中，无法脱离与其他信息的关联，例如微博信息绝非仅限于单条发布的主体内容，相关的转发、评论、点赞等形态的信息也是其不可分割的一部分。②从中观视角来看，同一主体、话题、事件等同样可作为关联脉络形成更大规模的信息汇集。无论是主体还是内容网络，都可由此成为网络空间在信息层实现整体构建的基础。以重大社会事件为例，如果要保存相对客观完整的记录，不同事件记录者作为参与、见证、评论的主体，在不同平台形成的记录不同事件进程的、多形式的海量信息就需要以事件及其传播脉络为线索进行收集和汇聚。③从网络空间形成的总体信息来看，这是不同用户开展各类社会活动的总和性映射。依赖于微观层面不同信息元素的完整集成与中观层面主体或主题网络的信息汇集，可共同组建出庞杂的信息总体，反映出网络空间记录下的人类文明发展进程。

第三，档案库的建设基础是大基数、多样化、去中心的开放参与。网络空间低门槛的准入机制，带来了广泛且多元的用户。在多向传播与互动、动态共建的网络世界中，个人在基数上是有着绝对优势的用户群体，是构建网络空间的主要力量之一，带来的是前所未有的海量信息。以中国为例，截至 2022 年 12 月，我国网民达 10 亿多，他们依托网络空间各类即时通信、协同办公、社交网络、线上阅读等工具开展活动，帮助我国生产了世界领先的数据量[1]。

网络空间对个人用户高度开放，且平台多样，海量用户得以参与不同平台的建设。因而，信息分散于不同平台，各平台的差异化管理方式使得网络空间中的信息管理表现出"去中心化"的特征。然而，这种去中心化的特征在信息主体中并不是绝对的。一是信息主体之间内在的关联并未丢失，而是内含于社会功能与活动之中；二是数据权依旧有分布不均的可能，如信息权利受控于网站或平台的用户领袖；三是档案库的构建中多主体的参与同排外是并存的。在信息的形成过程中，用户的参与显著，但也存在未参与的用户或是难以产生关联的用户。他们或受限于能力与资源，或受限于平台要求，或受限于国家与地区政策，或受限于互联网基础设施的差异，导致当前依旧存在海量无法充分接入互联网的人员。因此，相比于现实世界，网络空间档案库的贡献用户存在缺失的群体和个人。

第四，从空间来看，作为档案库的网络空间分散在多样化的平台之中。这意味着：①对有意归档网络信息的形成者或保管者而言，信息的归档及后续的保存权利并不完整，它们较大程度为网络平台所管控。无论是平台制度、功能、技术架构的整体规制，还是信息所有权和管理权，信息最后的利用流向及信息能否归档、谁来归档、如何归档，这些问题均由平台直接确认。比如，是否开放信息下载功能、下载功能如何设定、下载的信息能否和其他平台的信息相互兼容等均由平台决定。同时，每个平台均有自主权而非取决于某一平台。相比之下，用户的权利有限。例如信息保存与否看似由用户主导，但后台的信息管控由平台控制，即使是主打阅后即焚的应用（如 Snapchat）也被频繁指出未经用户许可保存用户已在前台删除的信息。②网络平台的多样性进一步意味着完整归档的前提是跨平台操作，而这一可能性在当下几乎不存在。当前，

---

[1] CNNIC. 第 51 次中国互联网络发展状况统计报告[EB/OL]．（2023-03-22）[2023-06-01]. https://cnnic.cn/NMediaFile/2023/0322/MAIN16794576367190GBA2HA1KQ.pdf.

基于多元数字技术的网络空间参与式归档

存在于用户设备中的各类移动互联网络平台已不在少数,即使是政府,亦在使用第三方管控的各类平台,如我国的政务微信、微博、抖音、今日头条等,对其所形成的政务类社交媒体信息难以实现一以贯之的整体管理。③网络平台的短"寿命"特征与档案要求的"长久保存"显现重大矛盾。在这样的冲突中,信息何去何从,既是不确定性对档案管理发起的挑战,同时也是网络空间归档的机遇。例如,雅虎博客、百度空间、网易相册等均发生过产品变动的情形,有限时间内的数据导出已是相对负责、较有条理的处理方式;百度在2019年发生的数据故障导致用户10余年的信息暂时性丢失。这些案例亦提出了关键问题,即网络信息归档管理如何实现长久保存。④第三方平台的特征之一是商业化,由此网络信息是多方主体的资产,其长期保存很大程度与平台在商业层面的可持续运营相关。这种相关性影响着信息的选择、归属、管理和利用,也要求在管理中考虑商业方面的需求和冲突①。

第五,在维护记忆同遗忘的平衡之时,档案库亦要协调开放与保密的冲突。档案管理本质是保存与删除的对立统一,同时还需要面向广泛的利用群体和长远未来,设计多层次的利用机制,这是作为档案库的网络空间更受关注的特质。

一方面,通过网络空间,人类可以记录下人、事、物各类细节,亦可拓展到国家与地区乃至全球的整体图景,形成一个具备高度记忆潜力的信息世界。因而,在网络转瞬即逝的风险中倡导的是有意识、有行动的痕迹固化,由此满足即时到长久的信息需求。另一方面,信息不当保存带来的是隐私、知识产权、被遗忘权等多种法理与伦理风险。在共同形成信息成为普遍现象的情况下,信息各项权利如何确认、分割与应用成为难题。同时,这也使得隐私问题更加严峻,这不仅限于以个人敏感信息为主的隐私问题,通过交叉对比,网络空间用户开展活动形成的多样化内容也往往能用于用户身份及其活动内容的识别,这在Facebook等社交媒体平台被用于政治竞选中就初见端倪。在这样的情况下,公开信息的公共性保存就成为争议话题,此话题指向网络空间作为档案库应当如何构建与传承这一重要问题。

---

① KATRINA D. Digitising the modern archive [J]. Archives and Manuscripts,2014,42(2):171-174.

2.4 网络空间赋予的参与式归档情境

网络空间作为档案库的建构过程和结果显示了网络空间中建立系统归档机制的必要性，且体现了对参与式归档的号召。

2.4.1 网络空间建构机制显示参与内核

网络空间的建构在组织、制度和价值三大核心机制上都显示出参与这一内核，网络空间机制建构是治理能力现代化框架下的重要试验场，助推网络空间治理体系与网络命运共同体的建设。

组织机制上，网络空间"谁来建、谁来管"的模式是自组织建设的重要体现。尽管有政府和权力机关等其他组织介入，但同实体空间相比，它的形成与发展倍显去中心化、非线性、更需弹性管理的特质。网络空间得以建成靠的是这种去中心化的广泛参与，尤其是 Web 2.0 以来形成的消费生产一体化的主体机制，促使网络空间日益同实体空间并驾齐驱且持续提升渗透力。换言之，数以亿计的用户以个人、组织机构、群体的主体形式在不同领域与不同层级的职能框架下开展活动，逐步建构成网络空间，这些主体以信息为媒介参与到了网络空间不同方面的建设中，信息归档等管理行为也要以此为基础显示出各参与主体的话语与行动。

制度机制上，网络空间中的制度分为两类：一类是网络空间的建设者与使用者在其发展历程中逐步形成的、已得到广泛认可且遵循的非官方制度，这包括国际组织/网络空间精英引领的规则和广大用户在日常活动中逐渐认同的准则。这些规则都延续自组织的基本要义，即最广泛地使网络技术为人类所使用、共享，强调发挥群体智慧。这样的出发点旨在满足不同的需求，以实现网络空间的持续丰富与完善，因而在制度设计上以鼓励参与为原则，以此获得用户方面的贡献，如知识、资源、注意力等。另一类则是国家权力机关、政府等官方机构制定的政策法规。尽管政策法规处于不断完善的进程中，但限于网络空间存有的虚拟特性，政策法规面向的情境复杂，用以规范各具差异的信息主体、对象、活动的规则难以一蹴而就。因而，在政策法规中同样要识别网络空间中的各类主体，以界定各主体的职责，完成规则的深化与落实。

价值机制上，参与既是网络空间得以发展的基础，又是网络空间得以建构的要义。从网络空间的建构观来看，只有各方参与、体现各方话语、满足各方需求、发挥各方力量，才是构建网络空间最适宜的行动方向。例如，我国的互联网信息保存项目将"社会化"作为限定词，倡议不同层级、不同系统、不同方面的力量共同完成可持续的网络空间档案化管理。在这样的价值观念倡导下，结合当前人类世界逐步倡议的治理观和我国提出的网络命运共同体观念，参与作为网络空间开展各项活动的基本理念，自然也同样映射于归档活动中。

2.4.2 网络空间的信息复杂性倒逼参与

基于上述关于网络空间的解析，结合国内外现有的网络空间归档实践，可发现网络空间信息的复杂性需要参与式归档的加入。

2.4.2.1 信息对象的复杂多元性

（1）信息拥有多元的共同形成者主体及后续的管理、利用主体，各方利益相关者在信息归档的过程性环节中相互缠绕，难以明晰并界定权责[1][2]。例如，用户在注册社交网络账号时明确同意平台的服务条款，意味着将信息的部分所有权和管理权赋予平台[3]。信息一旦由平台及其合作方捕获，用户的控制权就将被弱化，难以追踪传播过程，不知谁将最终拥有信息和以怎样的方式收集和利用信息[4]。同时，信息一旦失去控制，还会引发失存甚至滥用的问题，使信息的利益相关者产生难以估量的损失[5]。

（2）信息对象本身的复杂性令归档难以得到有序、精准、全面开展。例如，归档对象的确定涉及话题、观点、事件的提取，同时还要确定互动内容何时捕获、捕获哪些；社交网络信息是大量用户生成的日常信息，对这些日常信

---

[1] GEHL R W. The archive and the processor: the internal logic of Web 2.0 [J]. New Media & Society, 2011, 13 (8): 1228-1244.

[2] LOMBORG S. Personal internet archives and ethics [J]. Research Ethics, 2013, 9 (1): 20-31.

[3] FONDREN E, MCCUNE M M. Archiving and preserving social media at the library of congress: institutional and cultural challenges to build a twitter archive [J]. Preservation, Digital Technology & Culture, 2018, 47 (2): 33-44.

[4] ZHANG C, SUN J, ZHU X, et al. Privacy and security for online social networks: challenges and opportunities [J]. IEEE network, 2010, 24 (4): 13-18.

[5] LINDSTRÖM L. Archiving in the era of online activism: challenges and practices of collecting and providing access to activist social media archives[EB/OL]. (2019-06-12)[2020-11-30]. https://lup.lub.lu.se/luur/download?func=downloadFile&recordOId=8980793&fileOId=8980795.

息中包含的丰富语义信息、情感以及社会与文化背景的收集、识别、组织面临多重困难；信息的动态性导致历史性固化存在挑战，例如，用户可以删除推文、删除账户和更改URL，其标签和内容容易消失[1]；信息包含大量的个人内容甚至是隐私信息，归档后的处理工作繁重[2][3]。

2.4.2.2 归档主体的能力匹配性

（1）对记忆机构而言，资源的缺乏是众多实践项目未完成的主要原因，另一挑战在于当前并未建构完备的档案技能和知识体系。记忆机构的定位也在发生改变，归档范畴将不只是官方机构形成的主流叙事记录，还要考虑增加那些来自私人和社会其他平台的分散信息，因而记忆机构从特定的有组织、成体系的记忆存储库变成公私兼有、碎片化程度更高的信息积累空间。面对这样的变化，已有的方法适用性有限，档案馆等记忆机构或是单一的形成者难以"孤立"地完成所有归档工作[4][5]。

（2）对提供信息服务的网络平台而言，其暂时无法满足体系化的归档需求[6]。一方面，平台政策偏重于自身而非用户的信息所有权、管理权和使用权，用户的权益界定不清；相比个人信息的隐私保护，目前缺乏足够的规则和技术来管理数量更加庞大的、记录用户活动内容的信息[7]。另一方面，平台的归档功能有限，多数平台仅表明会在后台尽量做好用户数据的安全防护。即便

---

[1] LINDSTRÖM L. Archiving in the era of online activism: challenges and practices of collecting and providing access to activist social media archives[EB/OL]. (2019-06-12)[2020-11-30]. https://lup.lub.lu.se/luur/download?func=downloadFile&recordOId=8980793&fileOId=8980795.

[2] LINDSTRÖM L. Archiving in the era of online activism: challenges and practices of collecting and providing access to activist social media archives[EB/OL]. (2019-06-12)[2020-11-30]. https://lup.lub.lu.se/luur/download?func=downloadFile&recordOId=8980793&fileOId=8980795.

[3] FONDREN E, MCCUNE M M. Archiving and preserving social media at the library of congress: institutional and cultural challenges to build a twitter archive [J]. Preservation, Digital Technology & Culture, 2018, 47 (2): 33-44.

[4] FONDREN E, MCCUNE M M. Archiving and preserving social media at the library of congress: institutional and cultural challenges to build a twitter archive [J]. Preservation, Digital Technology & Culture, 2018, 47 (2): 33-44.

[5] SINN D, KIM S, SYN S Y. Personal digital archiving: influencing factors and challenges to practices [J]. Library Hi Tech, 2017, 35 (2): 222-239.

[6] LYNCH C. The future of personal digital archiving: defining the research agendas [M] // HAWKINS D T. Personal archiving: Preserving our digital heritage. Medford, NJ: Information Today, 2013: 259-278.

[7] HOCKX-YU H. Archiving social media in the context of non-print legal deposit[EB/OL]. (2014-07-30)[2020-11-30]. http://library.ifla.org/999/1/107-hockxyu-en.pdf.

提供归档功能，也往往不能满足专业归档要求。

（3）从信息形成者来看，尤其是对于占主要部分的个人形成者而言，尚存在多方面问题。一是归档意识欠缺，形成者并不理解信息归档及其安全性的内涵，且不是所有形成者都希望永久保存其所有社交媒体信息[①]；二是信息形成者难以从长远角度进行价值判断[②]；三是信息繁杂且内容相互交织，信息形成者越来越多地获取、收集、共享和保存数字信息，一个平台上的信息混杂于一处的同时，不同平台的信息又相互分散，且随着时间的推移归档与管理难度升高[③]。

2.4.2.3 归档行动的技术可行性

研究与实践都认为，落实归档行动存在明显的技术挑战。当前的技术标准和方案不能充分满足归档需要，例如在获取和捕获信息方面，尽管有许多捕捉信息的策略，但真正的解决方案只有通过 API 接口或直接获取[④]。对用户而言，能否理解、掌握并信任归档技术亦是问题[⑤]。这样的技术挑战则延伸出更直接的问题，即面向网络空间的归档，该如何形成充分的技术对策、能力以及资源？

由此，从研究成果与实践经验可以得出，既然挑战源于信息生产、传播和利用的全过程及其所涉及的多元利益相关者，那么协同是解决问题的关键，即归档要走向多元主体参与的模式。换言之，网络空间归档的首要策略是建立各利益相关者协同的合作体系，有效利用多样化主体的能力、资源、立场，来应对不同方面的挑战。因此，网络空间归档的行动主体不应仅限于记忆机构，档案管理员、图书馆员、技术人员、研究人员、政府和行业代

---

① KINDER-KURLANDA K, WELLER K, ZENK-MÖLTGEN W, et al. Archiving information from geotagged tweets to promote reproducibility and comparability in social media research[J/OL]. Big Data & Society, 2017, 4(2): 1-14 [2020-11-30]. https://doi.org/10.1177/2053951717736336.

② DEBATIN B. Ethics, privacy, and self-restraint in social networking [M] // TREPTE S, REINECKE L. Privacy online: Perspectives on Privacy and Self-Disclosure in the Social Web. Heidelberg: Springer Berlin Heidelberg, 2011: 47-60.

③ KOVARI J, DOOLEY J M, PETERSON C, et al. Capturing the web: Web archiving in cultural heritage institutions[EB/OL]. (2016-06-23)[2020-11-30]. https://ecommons.cornell.edu/handle/1813/44547.

④ ACKER A, BRUBAKER J R. Death, memorialization, and social media: a platform perspective for personal archives [J]. Archivaria, 2014, 77 (1): 1-23.

⑤ HOCKX-YU H. Archiving social media in the context of non-print legal deposit[EB/OL]. (2014-07-30)[2020-11-30]. http://library.ifla.org/999/1/107-hockxyu-en.pdf.

表、信息形成者等利益相关者均须共同努力[1]。同时，归档也不能只限于构想或规则层面，有效的行动落实是关键，面对海量与繁杂的归档任务，积极应用技术是必要措施。

---

[1] YOUMANS W, YORK J. Social media and the activist toolkit: user agreements, corporate interests, and the information infrastructure of modern social movements [J]. Journal of Communication, 2012, 62 (2): 315-329.

第 3 章　网络空间参与式归档实践进展

网络空间中的归档实践从多元主体角度界定，可分为参与式与非参与式归档。例如，"互联网＋政务"平台的数据归档管理依旧延续了政府机关的自主归档模式，属于非参与式的实践。当然"参与"在网络空间归档中也可以有不同理解，目前主要体现为两种：一是多元主体协作参与网络空间中的归档项目；二是从网络空间的整体来看，主体在网络空间中各自展开归档行动本身就是在参与网络空间整体归档。笔者在收集研究数据时，将这两类实践均涵盖其中。

一方面，研究通过线上调研，梳理公开的网络空间归档相关案例，归纳不同实践的基本内容并示例说明。另一方面，依据调研目标与条件对主要的归档参与者进行问卷调查或访谈，进一步分析实践内容、经验、问题以及影响因素。

3.1　线上发现：全球渐趋广泛的网络空间参与式归档实践

3.1.1　个体：多元主导者的实践模式

多元的参与主体并非无组织的，而无论是以自组织还是他组织的方式，确立主导主体是关键。依据主导主体的性质或职能，可构建出各有特色的参与式实践，呈现出多样的目标、资源、方法等。

3.1.1.1　记忆机构主导模式

以档案馆、图书馆等为代表的记忆机构以保管记录性遗产为职责，因此网络信息逐渐成为其重要的归档对象,用以留存社会组织、机构、群体与个人开展社会活动的证据与记忆。当下,社交媒体信息成为重要的保管对象,由此催生了方法各异的参与式归档行动。依据归档范围的不同,归档行动分为以下两类。

1. 以政务类信息为主的模式

这类模式只对政务机构或人员所形成的网络信息进行捕获,而社交媒体平台上其他主体主导形成的信息不在其归档范围中。由于档案馆的主要职能是保存官方记录,所以这类模式的实践者主要是官方档案馆。以美国北卡罗来纳州档案馆网页存档与访问项目为例,北卡罗来纳州档案馆自 2012 年起将网页存档对象扩展至社交媒体信息,存档对象范围覆盖 Facebook 和 Twitter 平台。该项目目标是收集北卡罗来纳州政府机构在社交媒体平台上形成的公开记录并提供公众访问服务,以提高政府透明度,并保障政务社交媒体信息的法律证据效力。截至 2012 年,其社交媒体档案库保存了部分州政府机构在 Facebook 和 Twitter 上发布的 55000 多条公共信息。该项目所归档的信息不仅包括这些机构在平台上发布的文本信息,同时也捕获图片、视频类信息以及评论、回复等。同时,归档的信息得到有效整理,形成了可交互、易还原、面向公众的政府社交媒体档案库。

2. 以社会类信息为主的模式

这类模式的归档范围远大于政务类信息,主要面向社交媒体平台,尽可能归档不同社会组织、机构、群体及个人形成的信息。这类模式的实践者往往是图书馆。基于机构性质,图书馆与档案馆在归档范围上存有差异,图书馆将网页视作在线出版物或社会性记录,保管范围更大。这一模式的典型实践是美国国会图书馆的 Twitter 保管项目,面向广泛的社会群体与个人进行网络信息存档,为美国留存丰富的社会历史材料。这一项目归档的代表性内容有 Twitter 联合创始人杰克·多尔西(Jack Dorsey)的第一条推文、奥巴马总统赢得 2008 年大选的相关推文等。2010 年 4 月美国国会图书馆和 Twitter 签订合作协议,由 Twitter 公司将海量推文数据移交到国会图书馆,即对 2006 年到 2010 年 4 月的全部公开推文进行移交归档。美国国会图书馆于 2012 年初宣布通过社交媒体数据聚合公司 Gnip 接收需归档的数据,同时建立一个全自动的过程来接收这些新文件。具体流程为 Gnip 从单个实时流中接收推文,再将推文的数据流组织、上传、存储到安全服务器,以供图书馆检索,保证推文档案的对外开放与利用。但因归档成本、归档难度与环境变化，2017年美国国会图书馆决定从原有的全部归档策略转变为选择性归档。同时，美国国会图书馆未能确定所有档案对外开放利用的日期，并仍在探讨如何处理在原平台已被用户删除，却在删除前被图书馆归档的信息。

3.1.1.2 形成者主导模式

形成者对其所形成的社交媒体信息拥有管理和利用权，尤其是机构形成者依照政策法规的要求对信息有一定的管理职责。因而，形成者主导网络信息归档也是一种重要模式。

1. 机构类形成者为主的模式

机构类形成者往往需要在法律法规的框架下有效归档所形成的信息，并依据其机构需求和职能明确归档方案。以美国联邦政府为例，其网络信息归档由美国档案与文件署（NARA）统一规范、监督、指导。联邦机构要根据政策细化自身的归档方案并自主归档网络信息，必要时按照规范将信息移交至NARA。自2010年起，NARA就协同美国联邦各机构探索如何归档社交媒体平台上发布的记录，包括机构必须确定如何最好地管理处于保管期内的信息、何时与如何捕获这些信息。这些社交媒体信息需要保管的时间不一，有些可能只需要保存在平台上，有些需要保留至机构的系统中，有些则需要永久保存并最终移交至NARA。当前，基于NARA发布的《社交媒体文件管理指南》《记录你的公共服务》《电子文件管理的联邦统一业务框架——面向社交媒体的应用案例》以及通用的电子文件与档案管理制度，各联邦机构如农业部、住建部、国务院、退伍军人事务部、总务管理局、海军、史密森学会、环保部、美国海岸警卫队，已逐步形成并明确归档社交媒体信息的规则与流程，构建了社交媒体信息归档的方法、工具与路径等[①]。例如，关于社交媒体信息留存，环保部制定了《社交媒体政策》《在环保部内部使用社交媒体》《环保部Facebook指南》，要求机构整体至个人雇员依据环保部现有的文件管理制度保存这类新平台形成的信息，不得随意删除评论。即使是不符合政策规范的评论，也应当先做线下保存，并做好备注。

---

① NATIONAL ARCHIVES AND RECORDS ADMINISTRATION. National Archives and Records Administration white paper on best practices for the capture of social media records[EB/OL].（2013-06-21）[2018-02-25]. http://www.archives.gov/records-mgmt/resources/socialmediacapture.pdf.

2. 社群/个人类形成者为主的模式

社群与个人很大程度上将网络信息视作工作、生活、情感互动的记录。这种信息既是其社会活动的证据，更是一种记忆材料，并借助网络平台得以持续丰富。当前由社群或个人自主保管其社交媒体信息的实践已有一定成果，但还不够普遍与系统。

一方面，部分群体或个人意识到所形成的网络信息具有价值，因而自主开发工具、平台或系统来归档保存他们认定有价值的信息。例如，美国沃顿商学院名誉退休金融教授杰克·古藤长期关注网络数字资产留存问题，他采用的方式是将社交媒体信息在内的一系列数字内容下载或复制至计算机并刻录光盘。

另一方面，基于现有工具、平台或系统归档保存网络信息，其中 Internet Archive、DocNow 等都是颇受欢迎的平台。由于社群与个人归档能力与资源的限制，这类实践目前较为主流。例如，德州农工大学的一个研究团队长期捕获 Twitter 的公开推文数据用于地理信息感应能力的方法研究，捕获数据主要使用了 Internet Archive 的服务。该团队捕获美国 Twitter 用户的推文内容及地理位置数据，并将其保管于 Internet Archive[1] 中。

3.1.1.3 网络平台主导模式

网络平台是信息的形成、管理和存储空间，很大程度上决定了信息及其管理质量。依据法律法规的要求，不同网络平台也在逐步开发归档功能，以优化用户体验。例如，微信尽管没有规范的归档模块，但还是为用户提供一定的信息保存功能：形成与接收的内容可通过"收藏"功能进行管理，所收藏的内容可由用户进行收集、分类、删除、检索。同时，可收藏管理的微信信息类型丰富，分为图片与视频、链接、文件、音乐、聊天记录、语音、笔记、位置八类。用户也可对信息添加标签，这可视作一定程度的组织功能。用户还可通过"聊天记录迁移"的专门功能将聊天记录从一台设备迁移到另一台设备，既可以在移动端之间迁移，也可通过电脑备份恢复聊天记录。此外，用户共享的内容则会存储于公共领域，即微信所使用的服务器中；微信为未读取的聊天记录提供暂时保存功能，但部分记录存储时间有限，例如图片、文档等为两天，临时的小视频为 14 天且最多保存 20 个。

---

[1] SCOTT J. September 2009-January 2010 Twitter Scrape[EB/OL]. (2010-11-07)[2020-02-20]. https://archive.org/details/twitter_cikm_2010.

3.1.1.4 第三方社会机构主导模式

归档网络信息有较高的专业能力要求与资源管理需求，推动着相应外包服务的建设。由此，未和信息产生直接关系的第三方社会机构也得以参与网络信息归档，并可依据营利与否划分为两类模式。

1. 营利性社会机构模式

部分记忆机构或形成者难以自主开发网络信息归档工具，在这样的市场需求下，商业性文件中心或寻获商机的软件公司开发了对应的产品与服务。较具代表性的有 Archive Social 公司。Archive Social 是服务于公共机构的社交媒体信息保管服务商，目标是为客户提供从收集到存储开放的全流程管理服务，从而确保公共机构依照国家或地方的相关法律法规（如公共文件请求）做好社交媒体信息的归档管理工作。Archive Social 提供的服务主要包括：①简易产品。这类产品基于云服务实现，只需用户购买服务后登录社交媒体账户操作即可，对用户没有本地资源要求并简化操作。②文件管理合规性保障。针对用户的机构性质和地域提供方案，并定期审查可能存在的风险。用户只需在该平台登录其社交媒体账户即可，应归档信息的范围设定以及管理均由该公司操作。③专业化管理。产品的开发与升级融合了产品专家、文件与档案管理理论与实践要求分析，并能根据社交媒体平台的变化及时调整。例如，注重保存原始背景信息，记录版本变化，捕获评论等互动信息也同时列入服务范畴。④提供了不同价格等级的服务，依据归档频率、体量等进行划分。

2. 非营利性社会机构模式

拥有专业与技术能力的群体或个人亦看到了网络信息归档对社会的必要性，因而开发并共享可免费使用的工具、平台、系统，甚至分享部分保管资源。这类实践的代表为 IIPC（International Internet Preservation Consortium）和 Internet Archive。IIPC 通过一系列国际协作的归档项目及学术研讨活动深化网络信息归档的实践方法、工具与标准，致力于推进国际合作来实现更广泛有效的网络信息归档。其成员机构来自 45 个国家和地区，包括国家、大学和地区的图书馆和档案馆。因而，它的协作归档项目往往呈现出顶级的合作规模与高度专业性的特点，最终形成面向公众的大型网络档案主题资源库。IIPC 已发起包括社交媒体信息归档在内的 8 个全员协作的主题项目，主要针对诸如欧洲难民危机、气候变化等国际重大事件主题。此外，IIPC 凭借案例研究、工具研发推广为国际范围内的归档实践提供各类资源。

此外，亦有群体或个人作为第三方参与其中。2020年，有志愿者通过Github平台使用开源工具组织新冠肺炎疫情相关网络信息的分散式收集、保存。已开发的项目中，有的为公众提供个人上传信息的渠道，有的帮助筛选与整理信息，有的提供平台来引导公众归档想留存的信息。

3.1.2 整体：多样化的参与方式

在不同的场景中，参与方式受主体参与意愿、资源、兴趣、价值趋向的影响，最终形成不同的实践模式。参与主体类型、程度以及协作关系呈现出多样性的特征。

3.1.2.1 外包式的政务信息归档管理

相比于其他网络信息而言，政务网络信息依托政府建立的系统的文件档案管理体系，有着更长久、成熟、规范的归档管理实践，同时也推动已有的文件档案管理方法与流程的创新。由于信息形成于独立的商业平台，且其他类型的主体如公众在同政府的互动中也在参与形成信息，政务网络信息的归档亦面临挑战。在此情境下，政务网络信息归档依赖于社会力量，正逐步实现不同程度的社会化参与，尤其体现出承接商业性文件中心外包的特色。目前的管理模式主要有以下两种。

第一，管控契约模式。政务网络信息形成主体在使用或继续使用第三方网络平台之前，充分调查国家与地方、档案机构、所在行业或系统、自身的文件档案管理政策法规，梳理文件档案管理的合规性要求，以此为依据同所使用平台达成相关协议，明确文件档案管理权责。这种模式下的管理既包括信息处于网络平台时应符合文件档案管理法定与专业要求的逻辑控制，也涵盖了必要时间节点所有权与管理位置迁移的物理控制。这种模式得以落实的关键不仅在于形成者有足够的意识与能力以明确归档管理的要求，更在于网络平台方提供的完整支持，如用户协议和技术功能的相应配置。由此，网络信息形成主体以合约方式将管理一定程度上免费"外包"于平台。以美国联邦政府机构为例，依据NARA的《公告2014-02：社交媒体管理指南》《电子信息自由法》等法律法规，政府机构应当提供充分的在线信息，以保障公众获取电子信息的权利，其中包括网络信息。而被识别为联邦公共文件的网络信息必须纳入归档监管与开放范围，机构需按《联邦文件法案》的规定采取捕获、管理、保存、利用的行动。

因此，NARA针对不同信息设置了模板化的规定，各联邦机构在同网络平台确定使用协议时可参考：被认定为价值有限，如只需短期留存或无需保存的信息，联邦机构可将其留存于网络平台，使用平台赋予的用户功能自行维护管理。同时，一切管理行为应置于规范评估框架下，删除或归档行为需符合法定要求、业务需要及风险管理需求。需永久保存的网络信息，联邦机构必须将信息从网络平台捕获并导出到本机构的文件保存系统，实现本地物理管理。若遇到不能完整导出到本地的情况，则由机构自己或与第三方合作进行捕获和导出，网络平台依据联邦机构需求提供相关技术配置支持，联邦机构也可使用内置于某些网络平台的工具导出。此外，联邦机构需与平台达成服务协议，规定归档时间、保管期限、具体流程、操作程序等问题，如应当在平台删除或销毁其系统里的联邦文件之前明确导出行动，且在平台停业或被其他公司收购前，应当提供通知和导出服务[①]。

第二，商业性托管模式。在管控契约模式下进一步吸纳社会力量，有偿使用第三方商业机构的服务。这类模式要求第三方商业机构能够明确多样化的合规要求与机构的个性化需求，提供特定服务，吸纳社会力量落实管理行动。以Archive Social为例，其曾为超过1800个美国机构提供服务，是美国使用率最高的社交网络类信息的商业托管平台，以专业合规性为主要特征。Archive Social能全天自动持续捕获Twitter、Youtube等8类网络平台信息，确保不同平台的归档数据均以原始格式保存，且可完整捕获所需的元数据。具体来说，Archive Social能够捕获那些可追溯到初始阶段的网站数据，保证归档信息的真实、完整、可靠以及具备证据效力；Archive Social采用日期、主题、标签等多种方式组织归档网络信息，方便检索利用；Archive Social还提供个性化归档服务，如可根据每个机构不同的保管和处置规则，定制相应的保管时间和删除审核功能。

3.1.2.2 协同式的网络档案库建设

这类模式多在记忆机构的网络信息归档实践中体现。整体统筹上，记忆机构进行归档规划、行动框架制订、分工等，具体行动上依赖于多方协作，最终协同建设出网络档案库。其中，协同主体主要包括：网络平台，为归档信息开

---

① NARA. Bulletin 2014−02：Guidance on managing social media[EB/OL].（2014−02−25）[2020−05−07]. http://www.archives.gov/records-mgmt/bulletins/2014/2014-02.html.

放平台接口，并在信息归档前维护信息质量；第三方商业或公益机构，为网络信息归档提供技术以及工具支持，包括捕获、组织以及后续利用等行动；信息形成者，帮助确认与许可归档方案，如捕获范围与处置要求。当下，针对不同信息形成主体有两类代表性实践：

一是以白宫奥巴马政府、NARA、Archive Social 的协作实践——奥巴马网络信息归档项目为例。该项目的归档对象以奥巴马政府发布的网络信息为主，覆盖奥巴马总统在任时期所有的网络账户所发布的内容。该项目依靠多方协作成功建立：①白宫统筹政府数字转型战略下的网络信息存档与开放计划，包括明确归档对象、确定协作机构的职责、制定原则与标准、指导与监管项目的具体实施。②NARA 为信息归档、保存的实施者，于 2014 年发布《公告 2014-02：社交媒体管理指南》，明确机构归档并移交网络信息的义务。2017年总统换届之际，NARA 新建 Twitter 账号@POTUS44 用以存放奥巴马总统的所有推文，在 Twitter 上向公众开放该账号的所有内容，同时对其进行离线保存。对于白宫其他工作人员的官方 Twitter 信息（包括@WhiteHouse、@FLOTUS、@PressSec和@VP）和个人 Twitter 信息（如 Kori Schulman@KS44），NARA 采取与上述总统账户类似的措施，将账户过渡到 NARA 进行归档并面向公众开放。③Archive Social 开发的平台提供网络信息归档与利用服务。它整合了 100 多个相关账户的资料，包括超过 25 万条帖子、照片和视频，可实现日期、平台和关键字搜索功能。④归档的网络信息高度开放，以数据集、动态网页等多样形式供社会利用，社会公众和各类组织机构随之参与这些信息的开发，形成了多种数字产品和研究项目，如 GIPHY、Feel Train 等网页资源库。

二是以中国国家图书馆与新浪合作的"互联网信息战略保存项目"为例，该项目以收集新浪用户公开发布的微博内容为主。为实现中国网络时代社会记忆、社会文明的协同保存，中国国家图书馆作为 IIPC 成员，发挥其专业优势，统筹建设覆盖全国的分级分布式中文互联网信息资源采集与保存体系，并建立统一保存规范、服务机制、筛选标准。新浪作为平台资源方全力发挥自身技术优势与平台优势，与中国国家图书馆加强数据对接，提供信息数据采集、保存、检索、提取和挖掘等方面的技术支持。依据双方的合作协议，新浪微博上各类主体形成的公开博文，都将被互联网信息战略保存项目采集和保存。据新浪统计，截至 2018 年 12 月，微博全站发布博文超过 2000 亿条，图片和视频超过 500 亿条，评论互动总量近 5000 亿[①]，且新发布的内容也将持续保存。2020 年 9 月，中国国家图书馆依托互联网信息战略保存项目推出"图书馆记录下的微博十年"专题资源库，在国家图书馆建馆 111 周年之际上线服务。专题资源库选择历年社会热点事件和文化主题，来呈现项目保存的多元社交网络记录。

3.1.2.3 共筑式的服务型网络信息归档

由于互联网具有高度自组织的特点，网络归档主体亦有大量的非政府组织与个人。社会组织是网络信息的归档管理主导方。这些组织主要依赖社会赞助与各类专家指导获得持续运营的资源，当前主要提供两类服务：以第三方的名义归档各类网络信息并向社会公开已建成的档案库；以工具辅助机构与个人归档管理网络信息，并将这些机构与个人转换为网络档案库的贡献方。依据完备性与规模，两类代表性实践为：

一是以 IIPC 为代表的大型网络信息归档组织。IIPC 最早于 2003 年 7 月在法国国家图书馆正式成立，有 12 个成员机构。到 2020 年，成员规模发展到 57 个。IIPC 的整体目标是以安全、可用的形式保存、保护互联网信息，建立国际网络归档体系，并鼓励各国机构、组织、个人加入共筑式网络归档队列。IIPC 凭借协作实践、工具开发、研究探讨三类举措推进和完善网络信息归档国际行动。其一，IIPC CDG（Contenent Development Group）为 IIPC 下属工作组，负责建立有关跨国主题或事件的可公开访问网络收藏集，它的归档是跨国的、多语言的、多观点的。值得一提的是，CDG 采用分散共建模式收集网络信息，IIPC 成员机构与公众均可提供建议归档的网站列表。IIPC 成员机构是贡献网页的主力，如在 2014 年俄罗斯索契奥运会存档项目中，美国国会图书馆推荐了 131 个网站。在之后的奥运会归档项目中，IIPC CDG 通过公开提名表收集成员机构与公众提名，并利用带有公开 Twitter 标签的会议形式讨论网站选择策略、调查参与者的归档意愿并开展了公共提名程序。CDG 目前已发起 8 个全员协作归档的主题项目，由该联盟与公众将符合主题、有价值的网页协同保存。其二，IIPC 协助网络信息归档方开发适合推行、可互动操作的工具软件与标准，以完善 IIPC 传统核心工具，如 Heritrix、OpenWayback，以及 Warc 等。其三，集体研讨研究是 IIPC 解决归档问题，形成最佳方案的

---

① 国家图书馆研究院. 国家图书馆启动互联网信息战略保存项目［J］. 国家图书馆学刊，2019，28（3）：24.

基本活动。IIPC下设固定工作组，鼓励成员合作研究与研讨。IIPC网络信息归档大会已成为其一年一度的固定大型研讨活动，其所有活动信息均公开于门户网站，并定期推介开源工具与实例研究成果来吸引、指导社会的归档行动。

二是以DocNow为代表的网络归档服务型平台。DocNow是一个由美国马里兰大学、弗吉尼亚大学、Shift Design公司合作，受Andrew W. Mellon基金会资助的非营利性的社交媒体信息归档项目。它始于2014年，旨在保存公众在网络上对重大事件的响应内容，并研究社交媒体归档组织框架，以迎合学者、档案管理员、普通公众的网络信息管理需求，即寻求一种用户友好型、共建型的策略来收集和保存此类数字内容。同时，在归档和长期保存方面，融入信息伦理法理考量。DocNow展开一系列积极实践以探索重大事件网络信息归档"如何做"的问题，现阶段以开源工具、共建平台开发为主要目标。例如，DocNow项目对所捕获的Fegurson事件网络信息展开案例研究，进一步推进开源社交媒体信息存档工具Docnow的研发，并推出一系列开源的应用程序和易用的小型工具，来协助个人收集Twitter推文及其相关的元数据和Web内容，降低技术门槛以提高网络信息归档者的技术能力。例如，用于描述事件伦理的标签工具Social Humans、跟踪新闻报道变化的信息跟踪工具Diff Engine等。这些工具可辅助用户在重大事件发生后，以较短时间轻松启用DocNow进行相关网络内容的收集、保管、存储，并用数据视图功能分析数据。为了更好地面向社会活动者展开归档实践，DocNow计划与Mukurtu社区数字遗产组织合作丰富推文归档背景，并在技术层、资源层寻求动态网络捕获工具Webrecorder、Social Feed Manager开发组的协助，从而革新网络信息动态内容以及多网络平台数据的捕获技术。

相近的实践还有美国哥伦比亚特区公共图书馆（以下简称DCPL）的记忆实验室项目（以下简称记忆实验室）。记忆实验室被定位为一个可持续的、以公众为中心的实验室。该实验室向公众提供辅助工具和指导，从而提升公众的个人数字存档知识和技能，并为其他公共服务机构（主要指图书馆）提供借鉴样本。项目支持的归档信息类型包括文档、照片、电子邮件和网络账户等数字内容，也包括传统数字化藏品。一方面，实验项目探索更适应当下数字情境下个人自主的数字记忆保存。记忆实验室强调要帮助公众基于自身需求保存数字记忆，致力于面向多样繁杂的数字信息形成个人数字存档的方案与工具，由此凸显其前沿与创新性。除了提供家庭影像、音频、照片的档案管理方案外，网页、社交媒体信息等在当下广泛形成的新类型的个人数字信息同样包括在其中。另一方面，记忆实验室作为教育基地为公众提供培育数字记忆保存能力的资源。具体来说，图书馆需要提供相应的学习资源及其获取平台，配置相关的培训和指导，来帮助公众理解个人数字记忆保存方案。同时，实验室将教育合作作为优先事项，积极与其他文化机构、艺术组织合作，向更多的用户提供更具针对性的、标准的教学课程，举办更有创意的数字保存活动。

3.2　不同主体的网络信息归档实践调查发现

通过调研上述重要归档参与者，可进一步明确实践进展以及背后的影响因素。笔者依据不同参与者的具体情况，明确调查目标与条件，设计专属的数据收集方案，各过程及结果如下。

3.2.1　网络空间信息管理规则的建构进度

根据《第 51 次中国互联网络发展状况统计报告》，截至 2022 年 12 月，我国网民规模达 10.67 亿[①]，大量的网络用户直接导致海量的数据流有待规范管理。在权力机关、社会第三方组织、公众等主体的关切下，政策法规作为关键工具越来越重视网络空间多样化信息的有序化治理。围绕管理对象、管理活动、各方管理需求，逐步形成丰富的政策法规管理依据。例如，以《中华人民共和国网络安全法》《数据安全法》《个人信息保护法》为代表的法律法规相继出台，且面向不同的网络要素或场景制定出了具体的政策规范如《微博客信息服务管理规定》《即时通信工具公众信息服务发展管理暂行规定》等。然而，网络信息的形成主体多元且基数庞大，信息全生命周期涉及的规则较为复杂，及时发现政策法规的不足之处并不断完善极为必要。因而，本研究调查与梳理了我国网络信息管理相关的政策法规，可明晰规则体系的建构进展与不足，由此发现待完善的空间。

3.2.1.1　调查方案

国家互联网信息办公室是我国网络空间治理的领导部门，其官方网站提供了较为及时与完整的相关政策法规；北大法宝则拥有较全面的政策法规，因而

---

① CNNIC. 第 51 次中国互联网络发展状况统计报告[EB/OL]（2023－03－22）[2023－06－01]. https://cnnic.cn/NMediaFile/2023/0322/MAIN16794576367190GBA2HA1KQ.pdf.

二者被选定为本次研究的数据源。通过对国家互联网信息办公室官方网站"信息化""白皮书""办公室""相关部门""政策法规"板块的调查分析，筛选出网络信息管理相关的政策法规；结合北大法宝下设的 4 个板块，即"中央法规司法解释""法律动态""地方法规规章""立法背景资料"，以"网络信息""信息管理"为检索词进行全文检索，共检索到现行有效的法律法规和规章158 部。经过两个网站的数据比对，获得涉及网络信息管理的政策法规共 63 部。

数据分析从以下两方面进行：一是逐一提取每一政策法规中有关网络信息管理的文本，并对具体条款进行分类、编码与归纳。内容归纳主要涉及：①对管理对象的界定，即现有政策涵盖哪些类型的网络信息；②政策法规所规范的信息管理环节有哪些，具体的内容是什么。二是对提取并归类后的政策法规进行描述与分析，主要从以下角度展开：①现有政策法规保护了哪些利益相关主体的权益；②已有规定对保护利益相关主体的权益与规正其职责有何帮助。由此，明确现有政策法规能否全面规范信息管理，并深入分析尚需完善之处。

3.2.1.2 调查发现

总体来看，我国网络信息管理的政策法规体系正处于逐步丰富的进程中，保障各方权益与规范职责的依据不断细化完善，但尚未建成完备的内容体系，在整体的管理目标与具体的管理要素两大方面存在优化空间。

1. 整体框架：体系化构建的程度有限

当前的政策法规缺乏系统的顶层设计，整体成熟度不足，政策法规未形成互联互通的体系。

第一，尽管已有数十个政策法规针对不同场景、从不同方面提供合规的依据，但相比网络空间的复杂情境以及信息全生命周期所呈现出的信息现象，政策法规的覆盖面远远不够。例如，目前政策法规主要针对网络安全和用户隐私保护方面进行设计，因而对形成与传播端的信息管理较规范，但对信息后续的维护、长期保存、处置、利用等方面则缺乏足够的规定。同时，由于网络应用更迭频繁，信息对象从内容到形式亦在持续变化，政策法规更新的进度难以同步，因而无法充分满足实践需要。例如，Z5 对用户敏感信息的叙述仅为"身份证号、银行卡号"两类信息的列举，并没有充分考虑到交易记录、社交媒体平台的聊天记录、病患医疗就诊信息等应当被认定为敏感的信息。

第二，政策法规之间的一致度有限，术语、原则、规则等具体内容缺乏相对统一的表达，这将使得网络信息管理的利益相关者如信息形成者、网络服务提供商、监管部门等在确认各自管理范畴、职责与权利等方面的事宜时容易产生不必要的误解与冲突。例如，P2 和 G21 关于不能开放的数据范围的界定并不相同，前者指出"涉及用户的数据和信息"皆不能开放，后者则规定"用户隐私信息"不能开放。

第三，政策法规的衔接与贯通并不充分。这主要表现为不同政策法规之间的规定不一定是互通或相互参照的，使得部分较具价值或应用性的规定无法广泛应用，只可规范某一类平台或某一类服务。例如，G3 主要用于规范微博平台的信息管理，它在用户发布信息的审核和备案方面有较完善的规范，但对其他近似的社交媒体平台无明确的应用效力。

第四，政策法规在具体内容上未充分形成系统的规则体系。换言之，对于信息由谁管、如何管、管什么等问题，当前的政策法规提供的依据在界定与执行上存在局限，仅提及部分信息或信息活动，且只体现在原则层面，如何落实、由谁落实、落实的具体要求与规范等提及甚少。例如，各监管主体的权责划分不明确，导致多主体协同不足，G4 指出"各级网信、文化和旅游、广播电视等部门依据各自职责开展网络音视频信息服务的监督管理工作"，而在政策中没有具体规定"各自的职责"。再如，部分信息收集规定仅就原则作了概述，未展开说明其实施方法，G8 提出了用户账号的实名规则，但仅有"后台实名、前台自愿"的原则及非常简要的概述。

2. 具体内容：专业信息管理的显示度有限

依据调查，研究收集的政策法规主要从网络空间治理的整体层面制定合规依据，信息管理仅是其内容组成，且专业度与显示度有限。将北大法宝中检索获得的 158 部现行有效的政策法规与国家互联网信息办公室政策法规整合比对，最终纳入研究范围的政策法规仅 63 部，可见信息管理的政策不充分。即使有相关规定，从信息管理角度审视，依然可看出部分规定内容存在不专业、不合理的问题。从信息管理主体、信息对象、管理环节等基本要素来看，相关内容均有待优化：

第一，尚需以多元主体协同为前提充实信息管理主体的相关规定。多主体参与和协作日益体现在各类网络情境下的社会活动中，与之对应的信息活动同样涉及多方的利益相关者，各类网络用户所形成的网络信息也往往同社群、组织机构、网络服务提供商等产生信息权责的关联，协作因而被视作推进网络信息管理有序化和分解网络信息管理复杂性的必要途径。这在当前的政策法规中已有一定体现，例如对监管机构、平台、用户等均有不同程度的识别和界定。然而，目前相关政策法规没有充分就管理主体协作提供系统的规范框架：

一方面，偏重部分主体权责，而没有充分说明其他主体的职责与权益。具体来说，政策法规普遍规定了平台的权利和义务，而网络用户和第三方机构得到的规范十分有限，尤其体现在权益方面。关于用户，在信息形成环节有部分规定，其他环节则少有规定，即目前的政策法规没有明确用户如何进行信息管理。关于第三方机构，政策法规仅在收集、利用和保护方面有少量内容，且提及的前提多以平台为管理主体。监管机构和平台固然是信息管理中的重要主体，但用户是信息的生产者和所有者，应当与第三方机构一起推动建构完整的网络信息管理体系并协助提升管理质量。

另一方面，政策法规对信息管理主体职责方面的规定欠缺协作框架的融合。协作框架下的主体职责往往表达为多方主体在权利与义务上的协同、平衡以及妥协。然而，现有相关规定在侧重规范平台的同时，忽视了协同角度下平台与用户间的权利如何界定，并对二者的权责关联缺乏解释和统筹。例如，在对网络信息的所有权、管理权、利用权规定甚少的情况下，平台方面如何配合用户做好信息的处置、迁移、长久保存、利用等更难得到说明。

第二，多元信息对象范畴的界定有待拓展。随着网络成为社会活动的重要空间，隐私视角下的用户信息保护已不足以保障用户以及其他信息利益相关者的权益，相关行为规范更是远大于信息保护的要求。换言之，用户在网络空间开展活动所形成的各类信息均有合规管理的必要性，应不限于个人信息。尽管现有政策法规在一定程度上体现了这样的趋势，但全面性与深度均不足。

一方面，现有政策法规对于除用户个人信息外的其他类型信息，如资产信息、内容信息和信息行为记录等，缺乏明确的概念界定与具体规范。用户在使用网络的过程中形成的信息类型多样且比重高过个人信息，若缺失对其他类型信息的管理，易导致信息管理的完整度不足。据统计，目前共有 7 份政策法规文件（其中 1 份为法律）对用户信息涵盖的内容做出明确界定。与之相对，当前政策法规暂未对内容信息、资产信息和信息行为记录进行定义，资产信息仅在 G2 中列举为娱乐游戏中的虚拟货币与 P2 提及的金融支付类数据。

另一方面，即便只从隐私和安全视角来关注用户信息，现有规范依旧不甚完备。根据《中华人民共和国网络安全法》，用户信息指以电子或者其他方式记录的、能够单独或者与其他信息结合识别自然人用户身份的各种信息，包括但不限于自然人的姓名、出生日期、身份证件号码、用户生物识别信息、住址、电话号码等。但随着大数据的广泛运用，能够与其他信息结合识别自然人身份的信息在外延上得到了极大拓展。除规定中提到的传统意义上的用户信息，点赞、收藏、购买等信息行为记录以及用户自主发布的内容或评论等若实现整体关联，经过计算和分析亦能勾勒用户画像，识别用户身份。

第三，信息管理活动规范的专业度有待提升。尽管部分政策法规对于如何管理信息有一定说明，但对实现优质、可信、可用的信息管理保障不足，且存在信息失存、失真、失效的风险。

整体而言，我国的政策法规对多数信息管理环节有所涉及，但分散在各个政策法规中，所规定的内容更是难成体系，且存在专业性有限的问题。所有的政策文本都只对部分信息管理环节有所涉及，这使得政策法规中对不同信息管理环节的规定也各有侧重。从文本解析的情况来看，当前的政策法规对信息保护、信息处置和信息收集的规定较为充分，而信息利用、信息修改和信息存储的规定略显单薄。例如，政策法规对信息存储部分的规定多集中于存储期限，对存储对象、存储方式等同样重要的方面明显规范不足。再如，政策法规对平台服务终止或终止后的信息处置、信息长久保存及其应有的元数据方案等欠缺关注和规定。

3.2.2 信息个人形成者的归档现状

个人网络用户基数最大、最广，个人在网络空间中的信息纷繁多样，调查个人网络用户所形成的网络信息，能够典型地多方位展示网络信息特点、信息类型、信息实践，可有效启示网络空间的参与式归档。具体调查方案与结果如下：

3.2.2.1 调查方案

在中国，在校大学生是指正在接受基础高等教育和专业高等教育的群体，按高等教育层次可分为大学专科、大学本科、硕士和博士。根据CNNIC发布的《第51次中国互联网络发展状况统计报告》[1]，大学生是中国网络生态中颇具规模的重要用户群体，也被认为是信息和数据素养较高的群体，以大学生为调查对象，既能发现中国网民网络信息归档管理的共性实践特征，也可以从问题或挑战中发现具有普遍性的关键难点。

---

[1] CNNIC. 第51次中国互联网络发展状况统计报告[EB/OL]（2023-03-22）[2023-06-01]. https://cnnic.cn/NMediaFile/2023/0322/MAIN16794576367190GBA2HA1KQ.pdf.

项目使用问卷调查法收集数据。由于目前还没有关于个人网络信息归档管理的成熟调查框架，因此本项目调查框架及其具体内容的设计主要参考个人信息管理、网络信息管理、网络档案管理、个人数字存档[1][2]的研究成果[3][4]。

正式调查之前先进行线上预调查。16 名本科生被邀请填写问卷，以检验问题和选项设计的科学性。分析试点研究的结果之后，分别与 2 名硕士研究生和 2 名博士研究生进行线上的半结构化访谈，获取对调查内容和问卷设计的看法，以进一步完善问卷，并确保调查问题和选项的措辞表达适当。基于预调查和半结构化访谈的经验，项目决定采取封闭式和开放式问题相结合的调查结构，通过在线问卷发布平台问卷星发布问卷与收集数据。同时，借助 QQ、微信、微博等网络平台邀请中国境内不同地区的在校大学生参与问卷调查，获得定性数据。

由于归档是过程性管理活动，同前端形成信息的情况和后端利用信息的需求紧密相关，因而调查覆盖了信息全生命周期个人信息形成者开展的信息归档管理行为，以此解答归档管理相关的研究问题，本研究最终确定了 5 个方面共 37 个具体问题（如表 3-1 所示）。

表 3-1　中国大学生网络信息归档管理状况的调查内容

研究问题	调查内容
人口特征	就读高校，教育层次，学科背景，信息归档管理学习经历，性别
中国大学生使用网络平台的时间、平台和目的？	网络平台使用了多少年，使用了哪些网络平台，使用网络平台的主要目的
中国大学生管理网络信息的认知及其潜在的影响因素？	是否会管理网络信息，管/不管网络信息的原因，倾向于管理哪些类型的网络信息

---

[1] BASS J. A PIM perspective: leveraging personal information management research in the archiving of personal digital records [J]. Archivaria, 2013, 75: 49-76.

[2] CHAUDHRY A S, UR REHMAN S, AL-SUGHAIR L. Personal information management practices in the Kuwaiti corporate sector [J]. Malaysian Journal of Library & Information Science, 2015, 20 (3): 27-42.

[3] LINDLEY S E, MARSHALL C C, BANKS R, et al. Rethinking the web as a personal archive [C] //SCHWABE D, ALMEIDA V, GLASER H. Proceedings of the 22nd international conference on World Wide Web. New York: Association for Computing Machinery, 2013: 749-760.

[4] MEIER F, ELSWEILER D. Personal information management and social networks re-finding on Twitter [C] //ELSWEILER D., LUDWIG B. Proceedings of the 5th Information Interaction in Context Symposium. New York: Association for Computing Machinery, 2014: 339-341.

续表

研究问题	调查内容
中国大学生归档管理网络信息的具体实践与行为？	形成网络信息的方式，形成的网络信息的形式、主题，是否会主动发现并收集网络信息，收集网络信息的方式，累积的网络信息数量规模，是否会整理和组织网络信息，组织网络信息的策略，是否会迁移网络信息，迁移网络信息的方式，是否会删除网络信息，删除网络信息的原因，删除哪些网络信息，长期保存哪些网络信息，是否会备份网络信息，备份策略，是否会设置访问权限，什么时候设置访问权限，是否会查看先前保留的网络信息，如何查看，再次查看的原因，是否会开发网络信息，开发方式是什么
中国大学生归档管理网络信息存在的困难与诉求？	归档管理网络信息中面临的最大挑战，归档管理网络信息使用过哪些应用程序或工具，网络信息归档管理的外部需求

在确定研究问题与调查内容后，利用问卷星平台自带的数据分析功能，将数据导出到 SPSS（版本 26）统计软件中完成描述性和解释性分析。首先，在描述性分析过程当中，对人口统计学特征以及相关定量问题进行统计，计算频率、百分比等，并将信息制成统计表格或图形；开放式问题的答案则通过简单的内容分析用于定性问题的补充解释和讨论。其次，在解释性分析过程中，为进一步发现人口特征与网络信息归档管理认知、实践、挑战之间，以及与不同行为之间潜在的相关关系，使用 SPSS 进行皮尔森相关性分析。

3.2.2.2 基本发现

本次调查的问卷分发给约 1500 名不同地区和不同层次的在校大学生，其中有 1158 名学生填写了问卷，剔除 6 份无效问卷之后，共 1152 份问卷被纳入数据分析当中。1152 名学生来自 292 所高等院校，各个学习层次或阶段学生的有效回复数及占比情况与中国在校大学生人数的分布基本保持一致，大学本科生占 63.72%，其次为研究生和专科生，分别占 19.79% 和 13.37%。本次调查女性参与者（62.07%）多过男性参与者（37.93%）。接受调查的大学生来自不同的学科背景，不同学科背景的受访人数差异较大，其中人数最多的两个学科分别是社会科学（32.29%）和人文科学（30.21%），其次是工程与技术科学（27.34%）。自然科学（4.43%）、医学（4.25%）和农业科学（1.48%）的受访人数相对较少。此外，在所有受访者当中，大多数受访者没有学习信息归档管理的经历（68.66%）。

1. 认知：中国大学生网络信息归档管理意识的影响因素

调查结果显示，大多数中国大学生（71.88%）具有网络信息归档管理的意识，但还有接近三成（28.12%）的受访者表示不会管理其网络信息。这表明在信息社会出生的大学生的信息管理意识仍有提升空间，那么，影响大学生产生网络信息管理意识的因素有哪些？通过对调查所得数据的相关分析，我们发现"学科背景""高等教育层次""性别"等人口特征与大学生"是否会管理网络信息"之间均没有相关关系，但"学习信息归档管理的经历"与是否会管理网络信息之间呈显著的正相关关系。这表明学习信息归档管理的经历对大学生网络管理意识具有较大的正向影响。

值得注意的是，使用网络的时间与是否会管理网络信息之间相关系数值是-0.062，相关系数值小于0，呈显著的负相关关系。这表明，使用时间越长反而越会对管理意识造成反向影响。有关面临的困难与挑战的开放性问答也印证这一现象。例如，有受访者提及，由于缺乏良好习惯与方法，其往往没能及时管理信息，随着使用时间加长，或信息失效，或对自己形成的信息变得不甚熟悉以及累积过多的信息都使得管理意识转向消极。

此外，不同形成方式、存在形式与内容的网络信息可能影响大学生网络信息归档管理意愿。其主要体现为两类关系：一是不相关，二是负相关。在形成方式上，主动发现并线上收集感兴趣或有用的信息，与评论、原创信息有着显著的负相关关系，同转发/分享、点赞无相关关系；在形式上，主动发现并线上收集感兴趣或有用的信息，与视频、图片、超链接的信息有着显著的负相关关系，同文本与音频无相关关系；在信息所记录的活动上，归档管理意愿与工作业务、社会事件、个人生活有着显著的负相关关系，同熟人社交、追星活动、社群活动并没有相关关系。这在一定程度上表明，内容含量或复杂度越高的信息可能因管理难度过大而令个人的管理意识出现消极取向。

2. 实践：中国大学生网络信息归档管理的特征

调查发现，中国大学生网络信息归档管理实践具有很强的平台依赖性和个性化特征。

首先，平台依赖性主要体现为对网络平台以及第三方工具的依赖。大部分学生将网络平台视为"个人档案库"①，期望可以充分依靠平台自带的信息归档管理功能。中国的各类型网络平台大多有个人记录活动、用户交互和信息传播等基本功能。因此，大学生也主要基于这些已有的功能，将网络作为记录社会生活的一种工具，在使用网络的过程中也会主动发现并线上收集感兴趣或有用的信息。根据收集方式的调查可发现，最常见的收集行为包括收藏（83.22%）、点赞（82.16%）、转发（78.96%），这在一定程度上将形成信息等同于收集信息。这其实是因为他们认为形成信息就会自动得到平台的保存与管理。当然，这种依赖还向社会第三方尤其是提供信息管理工具的平台延伸。因而，在调查管理网络信息获得了哪些工具支持时，常见答案是中国常见的信息归档管理商业平台，如主打云服务的百度网盘、笔记类工具如印象笔记等。相比之下，仅有不到10位调查对象提及他们会自主开发个性化工具。

其次，网络信息归档管理行为具有很强的个性化特征。笔者认为这与信息形成者的信息素养和信息习惯有关。例如，从大学生对网络信息归档管理对象的倾向性来看，选择原创的生活记录（73.67%）、分享/转发的有用信息（66.67%）、聊天记录与通信文件（52.66%）、发现或找到的新知识（57.25%）、感兴趣的人或物的信息（62.08%）等选项的情况各异，表明每个人想要管理的对象具有个性化特点。另外，网络信息收集、组织、删除、长久保存、备份、利用等策略，亦体现出很强的个性化特征。比如，在网络信息的收集过程中，对于认定有价值的信息，有人会倾向于通过平台的收藏功能"收藏"（83.22%）到本地，也有人会选择用点赞（82.16%）的方式保留信息线索，还有人习惯通过转发（78.96%）的方式让外部信息转化为自己的管理对象，甚至还有人会以截屏/录屏（63.91%）或下载（57.52%）等方式固化保存。

3. 挑战：中国大学生网络信息归档管理的意识与能力间存在差距

调查结果显示，多数受访大学生网络管理意识较强，他们中的大多数人也能够认识到网络信息所具有的信息价值、保存价值、记忆价值和凭证价值。然而，仍有很大一部分人不会整理和组织网络信息（26.57%），不会采取任何迁

---

① LINDLEY S E, MARSHALL C C, BANKS R, et al. Rethinking the web as a personal archive [C]//SCHWABE D, ALMEIDA V, GLASER H. Proceedings of the 22nd international conference on World Wide Web. New York: Association for Computing Machinery, 2013: 749-760.

移策略（37.32%），不会采取删除策略（16.67%），不会采取备份策略（46.98%），不会设置访问权限（14.25%），更不会采取高级的编辑开发策略（61.59%）。

即使有很多人会采取一定的策略，但策略的"专业度"依旧有较大提升空间。比如在迁移网络信息的选择上，最受大学生依赖的是平台自带的工具，但其导出数据却较不稳定，占比超过67%的截图会令信息失去大量要素，而通过信息完整度更具保障的第三方捕获工具全部迁移导出仅有会损失45%的信息要素。部分用户通过补充的策略如发给亲密的人、手写转换等来记录线上信息，而这则更可能带来失真、失存、失效的风险。

这在有关面临的困难与挑战的开放性问答中同样得到印证，有调查对象指出自身难以应对繁杂的网络信息，欠缺管理自觉性、主观驱动力，不信任自身的管理能力，或缺乏良好习惯与方法等。

4. 风险：个人网络信息归档管理自主性有限面临的弊端

从大学生网络信息归档管理实践状况调查结果及收集的受访者网络信息归档管理需求来看，个人独立完成网络信息归档管理的可能性较低，可能的方向是在保障个人自主权的前提下，依靠多方协助来达成管理目标，这在当下表现为网络平台以及第三方工具对信息归档管理的支持。

然而，网络平台的信息归档管理支持比较有限。受访大学生在关于挑战的调查中指出平台信息归档管理功能的不足，如分类功能繁杂、缺少批量处理工具、信息归档管理工具极少等；也有人表示平台信息归档管理功能的不足影响用户自主管理信息，例如限制用户导出数据或用户导出的数据不完整，且偏重平台自身利益的用户政策令用户顾虑归档信息是否会有潜在的隐私与知识产权风险；平台间的兼容性问题进一步限制了个人统筹归档管理跨平台的信息。

另外，限于平台自身的不足，调查对象亦在网络信息归档管理行动中表达出对第三方工具的需求。例如，关于收集和迁移方式的调查中，有15%的调查对象使用了第三方工具，在关于未来诉求的调查中受访者提及期望第三方开发出全能型工具，且部分调查对象对专业信息归档管理机构，如图书馆、档案馆的辅助有进一步的期待。然而，受访者所期待的帮助难以全面满足，原因来自多方面，如用户的个性化需求如何收集与满足、第三方工具是否能得到足够的市场投入与效果等。

此外，个人网络信息归档管理行为对网络平台或第三方工具的严重依赖也加剧了网络信息的保存风险。由于网络生态变化极快，当下流行的网络平台很有可能几年之后便被别的平台取代,因此以长久保存为目标的信息归档管理面临诸多不确定性因素。

3.2.3 档案馆的社交媒体信息归档进展

社交媒体已成为主流的网络应用,有着以千万甚至亿计的用户群体。海量用户基于兴趣或人际关系网络,动态形成了文本、视频、图片、音频等多元形式的内容。这些信息是个人以及家庭、社群、组织、机构的个体记忆的信息源,也是人类文明发展进程的见证材料,对国家和社会具有丰富的记忆、证据、资源、资产价值。有效留存这些信息是保护文化与信息遗产的重要任务,自然被纳入档案馆的职能范畴中。

3.2.3.1 调查方案

调查主要面向中国各地的综合档案馆,调查方法选取非结构式访谈法,在访谈者与受访者的互动沟通中收集数据。具体来说,选择半控制或者无控制的访谈方式,调查双方围绕一个主题进行自由交谈,提问的方式、顺序及内容都是不统一的,弹性较大,能够充分发挥访谈者与被访谈者的积极性[①]。

在调查对象的选取上,为尽可能覆盖中国不同经济发展水平和档案管理能力的档案馆,对中国的东部、西部、南方、北方的档案馆均展开了调查,且包含层级不同、发展水平不一的档案馆,包括地市级、市级、直辖市与省级的档案馆。调查对象一共8个(南方3个,东部2个,北方1个,西部2个,按级别为省或直辖市级4个,市级3个,地市级1个)。南方省馆为A馆,省会城市馆为B馆,省会的地级市为C馆;东部省馆为D馆,市馆为E馆;北方直辖市馆为F馆;西部省馆为G馆,省会城市馆为H馆。关于访谈对象的选取,先是线上观察各个档案馆的机构组成与具体职能,随后向档案馆发送调研函请求安排社交媒体归档涉及的主要部门成员参与访谈,如档案接收与征集、馆藏管理、电子档案管理、信息技术、编研业务的部门主管或负责人员,最后由档案馆结合实际情况并依据调研内容与要求确认具体的受访者。访谈依据档案馆的具体情况以座谈或一对一的方式进行。

为此,我们设计了访谈提纲,主要围绕如下内容展开:

(1)您如何看待社交媒体信息,对它的基本认识是什么?

---

① 袁方. 社会研究方法教程[M]. 北京:北京大学出版社,1997:812.

（2）档案馆有自己的社交媒体吗？您觉得有没有必要归档保存档案馆的社交媒体信息呢？为什么？其他机构生成的社交媒体信息档案馆有没有必要保存呢？为什么？或者，您觉得应该由谁来保管呢？为什么？保存哪些呢？

（3）是不是已经采取一些措施归档保存社交媒体信息？如果是，具体有哪些措施？有哪些成果？为什么目前会采取这些措施？将来还有什么打算？如果尚未采取措施保管社交媒体信息，原因是什么？是否有考虑在将来采取措施？能否想到会有一些什么样的措施？

访谈所收集的数据将转化为一一对应的文本，依据受访者的要求进行匿名化处理后形成各个档案馆的访谈记录。基于访谈记录，笔者一方面从中提取关于社交媒体归档认知与进展的内容；另一方面从中梳理出受访者指出的各类影响社交媒体归档的内容，以归纳的方式总结出社交媒体归档的关键事项。

3.2.3.2 调查发现

调查显示，中国不同地区和层级的综合档案馆在总体上认可社交媒体信息归档的必要性，但行动投入有限。访谈关于此问题，提供了值得关注、尚待探讨的关键事项。

1. 社交媒体信息归档必要性认同程度不同，显示档案认知差异

社交媒体信息归档现状存在差异，主要由于各馆对社交媒体信息归档的必要性认识不同，其本质是档案认知差异：

一方面，对档案馆而言，社交媒体信息是否有档案属性是关键问题。这决定了档案馆要不要将社交媒体信息纳入馆藏范围[①]。访谈中，这个问题具体体现为：一是社交媒体信息可否被视作社会活动的原始记录。部分档案馆工作人员指出，政府机构在社交媒体平台发布信息前都要经过一定程序才可发布，发布内容、时间、审批意见、参与的相关部门与人员等均在其中得到留痕，这部分记录才具有档案属性，社交媒体信息只是公开这些内容的载体而已。尽管这只是小部分档案馆的认知，但也引发了如何看待社交媒体信息的档案属性与归档对象完整性的问题，即线上发布的记录同后台形成过程中的信息之间是怎样的关系。是二者结合作为某一活动的整体记录，还是二者只是存有关联但可/应作为独立记录存在？此外，相比过程信息或是一手生成的信息，社交媒体信

---

① GOOD K D. From scrapbook to Facebook: a history of personal media assemblage and archives [J]. New Media & Society, 2013, 15 (4): 557-573.

息有何独特性？是否应作为档案被保管？这尽管是一种质疑，但同时提供探讨空间来明确社交媒体信息的价值，如其线上公开、互动、传播链等特质能否在形式、背景、内容上产生信息的价值，以及这种价值是否值得将其纳入档案范畴①。

另一方面，即使社交媒体信息有档案属性，以长久保存的档案为资源主体的档案馆是否要将社交媒体信息纳入保管范畴中也是另一个需要讨论的议题②。对受访的档案馆来说，这一问题指向了归档范围的确定是共有的难点。社交媒体信息由多主体共同形成并以碎片化的形式记录各领域社会活动，这些特质导致其公私边界模糊。针对社交媒体信息，以保存官方记录为主要传统的档案馆要思考的是，对含有私人性质却亦有公共属性的社会类信息资源，应持有怎样的态度并施以何种程度的归档保管③。因而，对于如何设定标准、明确范围、设计方案来全面并精准地采集属于档案的信息，要考虑多项事宜。例如，档案馆对于选取哪些平台的哪些用户形成的哪类形式与内容的信息难以抉择，甚至是对独立的某条信息来说，转发、评论、点赞等互动信息是否需要保存、保存程度、捕获频率如何设定等均有困惑。部分档案馆的回应值得思考，即档案馆保存的是永久信息，绝不可能保存所有的社交媒体信息。因而就要回到档案馆的定位本身，即档案馆是什么性质的记忆机构、为谁服务、资源与能力情况如何。例如，C档案馆的思考就提供了参考，其工作人员认为中国的档案馆要考虑服务人民、政府与中国共产党，因而设定归档标准与范围要纳入考虑的因素包括人文关怀、服务政府决策与国家安全的目标，以及明确的政治属性。

2. 社交媒体信息归档呈现多重挑战，档案馆能力尚待提升

档案馆对社交媒体信息归档持不甚积极的态度与行动。由访谈来看，又一挑战在于档案馆的能力尚不匹配社交媒体信息归档的复杂性，这是当前能否开

---

① SCHEFBECK G, SPILIOTOPOULOS D, RISSE T. The recent challenge in web archiving: archiving the social web[EB/OL]. (2019 - 07 - 20)[2020 - 10 - 19]. https://spiliotopoulos.org/publications/Schefbeck%20et%20al.%20-%202012%20-%20The%20Recent%20Challenge%20in%20Web%20Archiving%20-%20Archiving%20the%20Social%20Web.pdf.

② FOX E A, XIE Z, KLEIN M. Web archiving and digital libraries (WADL) [C] // Association for Computing Machinery. 2017 ACM/IEEE Joint Conference on Digital Libraries. New York: Curran Associates, 2018: 425-426.

③ THOMSON S D, KILBRIDE W. Preserving social media: the problem of access [J]. New Review of Information Networking, 2015, 20 (1-2): 261-275.

启以及充分开展社交媒体信息归档的关键：

一是技术挑战。作为 Web 2.0 的应用，社交媒体有着较强的技术属性，并随着互联网的发展日益复杂，归档与有效管理所形成的信息有着较高的技术要求[1]。受访的档案馆提出的技术难点亦印证了研究中所提及的问题：互动性背景、形式、内容如何捕获；在动态的生成与传播中，归档节点与频率如何设定；海量的信息如何实现自动化甚至更智能的采集和档案化处理等[2]。

二是档案馆已有方法的不适用[3]。受访档案馆在两方面提出困惑。一方面，对于官方机构与公众互动的内容以及非官方机构形成的却具有公共属性的记录，难以使用往常通用的社会征集的方式进行归档。潜在的海量捐赠群体拥有的是不同背景、形式、内容的信息，将这些信息移交至档案馆对档案馆工作人员、流程、平台会产生较重的负担。同时，信息审核以及信息所有权、利用权事宜的确认等同样需要改变现有征集方法。另一方面，部分档案馆提及已有实践面临的困惑，即社交媒体信息主要由半结构化数据组成，且动态性显著，档案馆偏重固化的永久保存方法是否适合于社交媒体信息[4]。例如，将网页转化为 PDF 格式进行保存的方法是否会破坏社交媒体信息本身发布于线上的、由数据组成的特质？这也进一步体现出现有实践缺失专业政策法规与标准规范的制度支持，对档案馆的能力建构缺乏指导与依据。社交媒体信息归档在世界范围内都处于探索进程中，由于单一的档案馆难以发现所有归档难题并设计完善的归档方案，因而国家级档案机构顶层设计的指导、具体制度的规范与示范实践的参考是必要的，然而，这在当前的实践中是缺失的。多个档案馆指出，中国国家档案局从政策到具体制度都没有明确指导社交媒体应不应归档、归档哪些内容、如何归档，因而各地的档案馆只能接受行动滞后这一事实。

三是资源限制。即使社交媒体信息归档对档案馆是必要的，是否将其纳入

---

[1] KINDER-KURLANDA K, WELLER K, ZENK-MÖLTGEN W, et al. Archiving information from geotagged tweets to promote reproducibility and comparability in social media research[J/OL]. Big Data & Society, 2017, 4(2): 1-14 [2020-11-30]. https://doi.org/10.1177/2053951717736336.

[2] LINDSTRÖM L. Archiving in the era of online activism: challenges and practices of collecting and providing access to activist social media archives[EB/OL]. (2019-06-12)[2020-11-30]. https://lup.lub.lu.se/luur/download?func=downloadFile&recordOId=8980793&fileOId=8980795.

[3] FONDREN E, MCCUNE M M. Archiving and preserving social media at the library of congress: institutional and cultural challenges to build a twitter archive [J]. Preservation, Digital Technology & Culture, 2018, 47 (2): 33-44.

[4] LINDSTRÖM L. Archiving in the era of online activism: challenges and practices of collecting and providing access to activist social media archives[EB/OL]. (2019-06-12)[2020-11-30]. https://lup.lub.lu.se/luur/download?func=downloadFile&recordOId=8980793&fileOId=8980795.

工作范畴并形成实践行动，还在于档案馆能否为其配置充分的资源[①]。调查总体显示出此方面的实践极为有限，由档案馆的工作人员反馈来看，社交媒体信息归档不在其当前的工作计划中，亦非未来一段时间的重点工作对象。档案馆工作人员指出，即便认可社交媒体信息的档案价值与社交媒体信息归档行动的必要性，甚至意识到若未开展完整有效的行动，则资源流失的风险较大，但在当下的资源条件下，只能选择重要性与紧迫性更高的工作内容，如数字档案馆建设。这指向两个问题：

一是延伸自社交媒体属性与价值的问题，即社交媒体信息在档案资源中将处于怎样的定位。从访谈来看，尽管社交媒体信息归档得到多数档案馆的认同，但更多的是作为一种补充手段，用以丰富档案馆资源的形式多样性与内容的层次性。那么，社交媒体信息会随着互联网对社会活动影响力的提升而在档案资源中更加重要，还是将长期作为辅助类的资源组成而存在？

另一问题则是，在档案馆的工作重点尚需更多资源投入的情况下，社交媒体信息归档同这些更受重视的工作的关系如何定位，应以何种策略推进具体实践[②]。从访谈来看，当下档案馆的工作重点多在于数字档案馆建设，尤其是馆藏档案的数字化。同时，党政机关电子文件的前端控制与在线接收亦是工作重点。这两大工作需要耗费大量的软硬件设施和人员投入。D馆就明确提出，近期的工作重点是建设档案数据中心，更加系统和大规模的社交媒体信息归档只能在未来去规划。那么，社交媒体信息归档就面临要以怎样的方式争取资源或是如何在有限的资源中规划具体行动的问题。同时，如果应保存的社交媒体信息面临失真、失存的风险，有怎样的应对方案或平衡性的措施？例如，C馆提出可以先做网页归档，且只归档重要的网站，为社交媒体信息归档奠定实践基础。

3. 协作力量得到关注，有待统筹以形成有效策略

协作力量对社交媒体信息归档的重要性逐渐得到认识，这同前文提及的两个关键事项密切相关。换言之，档案馆的能力局限，同样体现出档案馆很大程

[①] FONDREN E, MCCUNE M M. Archiving and preserving social media at the library of congress: institutional and cultural challenges to build a twitter archive [J]. Preservation, Digital Technology & Culture, 2018, 47 (2): 33—44.

[②] CROOK E. Web archiving in a Web 2.0 World [J]. The Electronic Library, 2009, 27 (5): 831—836.

度上难以作为单一的主体进行社交媒体信息归档，多主体合作是应对之策①。

访谈印证了上述观点，即存在实践局限的重要原因是尚未进行多方协作，档案馆强调的协作者包括如下方面：一是档案馆本身。随着中国机构改革，档案机构从原有的局馆合一形态变成局馆分离，档案馆作为事业单位已没有行政权力，难以布局和落实工作。限于档案局目前的状态或人员配置不足，且社交媒体信息归档具有挑战性、资源投入大、前期难产出成果，因此难以获得档案局的政策与制度支持。二是档案室或机构档案员扮演重要角色。多个档案馆提出，他们的社交媒体信息归档应当是围绕重大事件、名人、上级党政机关或档案局提出的工作要点展开，日常的政务类社交媒体信息应当由形成者所在的党政机关的档案室来采集，必要时移交至档案馆即可。这个观点在C馆和D馆的访谈中得到明确表达。三是非官方的组织、群体以及个人的信息形成者。他们要支持这些信息的归档许可与授权，并要在所有权、保管权、利用权等相关事项上予以配合，这样可避免法理与伦理纠纷。这个观点得到了A馆的明确支持。四是社会第三方的力量逐渐得到关注与认可，部分档案馆提出社交媒体平台在资源移交、分享上可以提供制度与技术辅助，由此部分解决当前知识产权难明确和自动化接收的难题。

3.2.4　网络服务平台的归档支持状况

无论是为了遵从法律法规，还是为了优化用户体验，又或是为了自身的商业可持续运营，作为服务提供商的平台都需要满足与平衡多样化的信息管理需求。平台主要从政策和功能方面来实现对信息归档管理的支持。因而，研究首先选取当前中国流量最大的代表性商业网络平台，由此确认信息归档管理在平台中的具体环节与内容，并基于此调查30个网络平台具有的归档管理功能。

3.2.4.1　调查方案

研究问题：网络平台如何界定信息及信息归档管理，从哪些方面提供支持并具体提供了怎样的支持。

研究采用质性文本主题分析法以实现高度探究性与描述性的调查。研究过程采用多阶段的分类和编码构建详尽的类目系统，并依据类目对事件、论点进

---

① HOCKX-YU H. Archiving social media in the context of non-print legal deposit[EB/OL]. (2014-07-30)[2020-11-30]. http://library.ifla.org/999/1/107-hockxyu-en.pdf.

行阐释性分析。以下是具体步骤：

选择流量位居前列的 30 个商业性网络平台进行调查研究。这些网络平台覆盖出行、购物、社交、信息处理、财务、生活娱乐等多个领域，分别为高德、携程、摩拜、淘宝、京东、亚马逊、美团、微博、豆瓣、领英、世纪佳缘、腾讯 QQ、微信、百度网盘、印象笔记、搜狗输入法、支付宝、云闪付、爱奇艺、PPS、哔哩哔哩、美图秀秀、今日头条、抖音、果壳网、知乎、58 同城、智联招聘、网易邮箱、百度搜索。

针对平台制度，本书收集其用户协议、隐私政策、服务条款等平台协议；针对平台功能，笔者的研究团队通过注册并使用平台移动端与网页端，发现、描述与分析相关功能。

3.2.4.2 调查发现

1. 多元价值和管理风险驱动信息亟待规范归档管理

各平台均明确用户信息涵盖账号注册信息、日志信息、内容信息等多种类型，图文影音、超链接等多种形式，涉及用户在平台中的各项行为，反映用户在愈加完善的网络空间中形成的活动轨迹。这些信息拥有潜在的、丰富的记忆、证据、资产和资源价值。例如，用户的个人与内容信息可完善用户画像，帮助商家在网络平台上开展有效市场活动。然而，也正因为信息类型和形式的多样性和复杂性，解答谁来管、如何管、管什么等问题面临巨大挑战。例如，当前各平台政策中各类信息的管理程度不均衡、信息权属不明确，以个人隐私保护为重点的框架缺乏对海量内容信息的有效管理。

因而，为充分挖掘信息价值且规避风险，规范的用户信息归档管理亟待建构。这需要平台优化政策内容以形成完备的规则内容、权属划分、功能设计等。

2. 偏重平台视角而用户权益受限

各平台政策主要提及平台、用户、第三方这三类信息归档管理主体，功能上亦体现出偏重平台、用户权利不显著以及第三方界定模糊的情况。

首先，对于平台和用户权责，平台政策规定较不平衡，并体现于功能中。政策内容偏重说明平台自身拥有的权利，如收集、使用用户信息时享有内容信息复制权、汇编权、信息网络传播权等，且免除自身在未存储和删除用户信息等多种条件下的责任；同时，要求用户承担较多的义务，并以获取服务为条件要求其接受。与此同时，功能也是如此。平台的技术架构主要是将信息作为"自有物"，往往没有直接的归档管理功能可供使用。

其次，平台政策与功能体现出对用户逐步增加但依旧有限的支持。一方面，各平台开始提供相对细致、多元的信息归档管理支持，如特别制定未成年人信息保护条款。另一方面，多数情况下平台未充分考虑用户权益、需求和使用体验，例如，部分平台中用户申请删除个人信息时需要自行联系客服而不能通过平台功能实现。

同时，各平台政策对第三方的概念和权责界定模糊。用户无法知晓个人信息将流向何种平台、用于何种情境，这对用户而言是一项重大风险。这一风险集中体现为信息共享：一是共享范围不明确，"第三方"的概念和边界模糊，用户无法控制共享范围；二是第三方通过平台间接获取授权后收集或使用用户信息，用户无法直接与第三方明确双方权责，无法确认信息将被如何使用，隐私保护、知识产权和信息所有权面临风险。

3. 归档环节受限不利于维护信息质量

在管理环节上：

第一，政策与功能仍未能覆盖完整的信息归档管理流程。一方面，所有平台政策涵盖的管理环节有限，且集中于部分环节。例如，信息归档管理中的组织、鉴定等核心环节未得到说明，相比之下，保护和共享的规定更为具体，限制了用户对信息的自主管控。另一方面，在规定中不同环节可管理的信息对象不同，导致同一类型的信息对象无法获得全流程的管理。例如，在信息修改环节，大多数平台政策都只对用户个人身份信息进行说明，而内容信息是否可修改以及留痕等少有提及。

第二，信息归档管理缺失长远规划的理念。从具体的管理环节来看，信息收集环节未曾具体说明被收集信息的长远用途和去向；信息存储环节，各平台表述的用户自行备份和设备缓存等方式具有临时性和不确定性，信息无法得到长久保管。如果仅从平台的现时运营出发，那么平台中断甚至终止服务所造成的信息失存、失真、无法及时有效归档的风险无法规避，随之带来的信息滥用和损毁将损害利益相关者的权益。

第三，信息归档管理的方法更偏重技术。以信息保护为例，平台更多地采取技术措施保障数据安全，但欠缺制度与伦理上的管理设计。例如，新浪微博将用户数据直接导入其新开发的关联产品"绿洲"中，这一行为所体现的管理视角缺失引发了微博用户的负面反响。

4. 平台政策与功能的可落实性有待提高

依据调查，多数平台政策的信息归档管理内容相对宽泛，仅部分平台发布的政策文本提供了基于平台实际功能的信息归档管理操作指引。例如《微信隐私保护指引》为用户访问、删除、更正、注销个人信息提供了详细的文字版操作指导，用户可以跟随操作指引在平台内实现对应的管理行为。然而，仅有微信和抖音提供此类指南，多数平台主要列举了用户信息归档管理手段，需要用户额外花费管理空间、时间才能落实。例如，《微博服务使用协议》提到"对于用户在微博中发表或存储的微博内容，微博运营方建议用户自行不定期备份"，这表明用户需要自己寻找备份空间、备份工具并花时间去操作。

平台功能同样有类似问题。尽管部分平台提供信息收藏、下载、迁移等功能，但相较于归档的专业要求，有些功能并不实用。例如，大部分软件的收藏功能依然在线上才能充分使用，且往往缺乏分类功能；下载功能仅针对有限信息，且从归档的要求来看下载获得的数据完整度不足，例如评论、位置信息等已有信息没有包含其中；迁移功能虽然可以实现不同设备之间、线上与线下的对接，但对象较为局限，例如微信仅可迁移聊天记录，而没有为线上发布的朋友圈提供线下保存功能。

3.2.5 社会第三方归档参与的探索试验

为从不同方面了解网络空间中的归档重点与难点，本书从社会第三方的视角展开归档的试验性行动，旨在明确社会第三方在参与过程中可以形成怎样的归档方案、主要面临怎样的挑战。为此，在保证可行性的前提下，本书将行动聚焦于重大社会事件的社交媒体信息归档这一范畴。

3.2.5.1 行动基本情况

1. 基本定位

基本定位旨在建立一个开放、参与、互动的汇聚重大社会事件的社交媒体信息归档资源的整体空间。用户可在该平台浏览、检索、获取重大社会事件社交媒体归档资源，并加以利用。同时，通过编研室、"故事树"等核心功能，用户可以参与社交媒体信息归档过程，推动构建多元叙事空间。

2. 归档方案

以归档来实现资源建设是本项目的关键一环，通过平台自身搭建、用户上传、平台与用户互动过程中形成并采集资源等多种方式，形成一个由多方参与、共建共享的归档整合体系（如图3-1）。

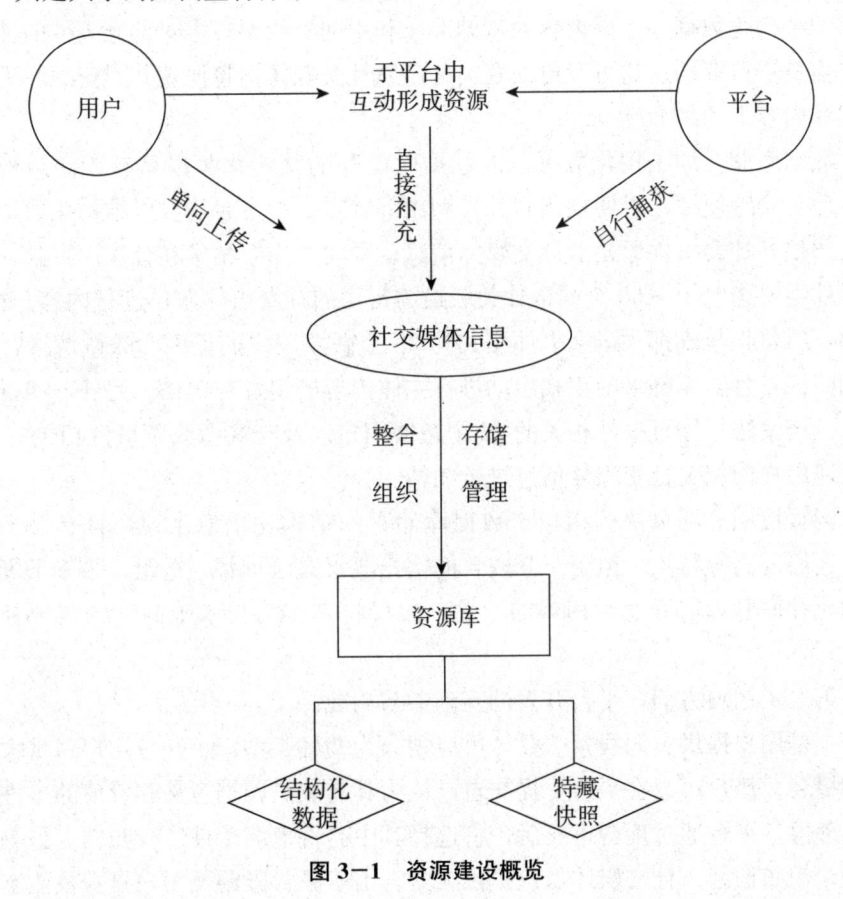

图 3-1　资源建设概览

具体的归档行动与成果：

第一，平台（项目组）方面。在平台构建初期，事件的选择与资源的构建主要依赖项目组自身的识别与获取。这一阶段，平台的资源搭建可以主要从内容和形式两方面展开说明。

一是持续的重大社会事件识别。项目致力于面向社会发展进程持续识别与归档重大社会事件相关的社交媒体信息并在此基础上提供利用，同时鼓励社会各界参与社交媒体信息归档，构建多元叙事空间。

目前平台对于重大社会事件的选取涵盖国家、地区以及行业三个主要方面。此外，项目还专门针对档案领域的重大社会事件开辟归档板块，已入选归档范围的事件包括成都大运会、高考改革、国庆70年周阅兵等重大事件。

二是信息归档的形式选择。当前，项目所建设的归档资源库以数据库储存的结构化数据为主要内容。然而，由于归档工具与呈现技术的局限，可使用的技术对社交媒体信息原始面貌与状态的呈现效果欠佳。因此，项目在以数据库储存的结构化数据为主要内容的基础上，利用网页快照技术对部分事件的社交媒体信息进行存档。这可以更加真实地还原社交媒体信息原貌并对资源库进行形式和内容上的扩充。

数据库储存的结构化数据。以数据库储存的结构化数据具有存储结构清晰、后台管理便捷、方便检索和开发利用等特点，故平台均要以结构化数据的形式归档各社会事件原始的社交媒体信息。同时，由于技术和合规性限制，每个事件主要选取10~50个同事件关联最为密切的社交媒体账户进行内容归档。例如，项目将与成都大运会事件相关的28个微博用户的近900条微博进行了前期归档，且随着赛事的正式启动进行主体内容的追踪与归档。此外，项目还将与《档案法》修订事件相关的12个微博用户以及与高考改革事件相关的13个微博用户的相关社交媒体信息进行归档。

网页快照。网页快照相较于数据库储存的结构化信息来说，具有易于捕获、还原度高等特点。但由于其内含的信息要素无法拆解与重组，带来了资源结构化存储管理与开发利用难的问题，故仅将其作为技术限制下的资源补充形式。

第二，用户方面，平台开发的互动参与功能。

一是用户提供资源线索。具体可以划分为两种类型：一种是用户对重大事件的提名。用户可以在平台上提交自己认为具有较高归档意义和价值的事件并阐述理由，平台通过后台审核后，将选择其中有价值的事件进行归档。另一种是用户为归档某条社交媒体信息提供线索。由于平台限制及用户自身技能掌握情况存在差异，部分社交媒体资源存在无法直接获取并上传的情况。在此情况下用户可以向平台提供线索，由平台进行归档。这两种方式下用户不直接提供具体资源，而是对应归档的事件、具体资源进行提名并提供位置，故称其为资源线索的供应。

二是用户可直接通过平台进行社交媒体信息归档。与提供资源线索相对应，用户可以直接向平台提供自己前期归档或存储的社交媒体信息。为此，平台开辟了专门的资源贡献板块，用于收集用户贡献的源链接、图片、视频、文本等具体资源。通过这种方式，一方面可以增强用户与平台的互动，另一方面也是对平台资源的补充与完善。更重要的是，用户上传资源的互动机制可进一步培养用户参与的积极性，对平台后续的可持续发展与推广具有重要意义与价值。

3. 归档平台的主要功能

该网站分为核心功能、常规功能和辅助信息三大模块。除网站资源浏览、检索获取等常规功能外，开放、创新、社会化的开发利用功能是平台的重点模块。一方面，平台不定期推出内容或形式创新的、旨在构建数字中国记忆的在线展览，而社交媒体档案中面向不同事件的记忆要点可丰富展览板块。另一方面，通过编研室、用户贡献、故事树和回忆沙龙等核心功能强化重大社会事件归档的社会参与程度，努力构建多元叙事空间，从而形成国家记忆、地区记忆以及集体记忆。

3.2.5.2 试验发现

由项目组的试验性行动可发现，尽管社会第三方作为网络空间归档的参与方能提供多方面辅助甚至主导归档项目，但行动难点依然存在，主要表现但不限于如下方面。

1. 归档范围的确认

社会第三方参与归档的出发点往往是保存集体或个人记忆，而记忆这一视角往往意味着带有一定的主观立场。这既需要维护社会第三方必然的个体性，亦要认识到社会第三方尤其是机构类的第三方也有贡献于公共空间的倾向。因而，在标准设定与具体行动上，确定哪些网络信息应纳入归档范围存有难题。

归档范围的确认问题直接指向信息同归档主体或服务对象的相关性以及对应的价值判定问题。于海量的网络信息中，社会第三方明晰或设定潜在的社会利用者的需求亦存有难题。例如，项目组旨在保存重大社会事件的社交媒体信息，因此对社会整体到各行各业都有不同视角的判断。选定具体事件已有一定困难，而选定事件后选取哪些平台的哪些账户或哪些主题下的信息也存在价值判定的挑战。

2. 合规风险的规避

社会第三方在信息的形成过程中往往不是主要的利益相关者，也没有法定职责对信息进行归档，因而归档行动面临诸多的合规限制。合规风险主要来自两方面：

一是网络平台方。项目组在归档行动开展前通过对各社交媒体平台的调研发现，即使是公开信息，各平台的政策也会明确指出不允许信息直接形成者与所有者之外的主体进行收集，尤其禁止批量收集。例外的情况是部分平台的合作方可向其申请接入 API 的开放许可。那么，作为社会第三方，困难在于以怎样的立场获得平台同意或是如何成为平台的合作方。

二是信息形成者或所有者。尽管在当前，信息的所有权、管理权、利用权没有绝对明确，但信息形成者或所有者的基本权益较为清晰。在这样的情况下，社会第三方在信息归档过程中可能存在侵犯信息形成者与所有者权益的风险。尤其是信息归档后的开发与提供利用环节，如果没有获得形成者或所有者的许可，容易产生法律与伦理的不良后果。

3. 持续行动的保障

针对社会第三方尤其是非营利性质机构的参与，如何推进或维护归档行动的可持续性，同样是关键挑战。

一是社会第三方如何获得持续的立场驱动，即在效益有限或是效益主要面向社会的情况下，如何维持长久的行动投入。在没有强制推行法定职责的情况下，社会第三方的归档行动目标一旦实现，那么由谁来统筹与执行后续的维护？

二是社会第三方有其自身的职能，可用于归档网络信息的投入，如基础设施、人力、资金等资源，往往都较为有限，亦有较大的技术与管理挑战。对网络空间归档这类需要海量资源且延续性需求较高的事务而言，社会第三方从何处获取相匹配的资源以及如何实现资源的最优配置、如何在应对归档技术与管理挑战中投入充分力量是较大难题。

三是社会第三方的归档往往从自身的角度出发，如何有效纳入网络空间归档整体体系中亦有难点。由于社会第三方缺乏整体统筹，不同的社会第三方在归档立场、目标、方法、资源以及进度上可能存在差异、交叉或缺少关联。因此，如何形成协作机制来统筹这些行动、归档结果如何实现共享共建等亦需探索。例如，项目组此次的行动方式是面向微博且以账户为线索进行归档，则同以豆瓣、微信、钉钉等不同平台为归档范畴的其他项目如何实现连接，达到资源整合、方法共享、技术开发等，都需要明确可行的策略。

第4章 方向识别：基于多元数字技术的网络空间参与式归档体系化建构要义

由实践可发现，网络信息的档案价值得到多方认可，各类形成者对信息进行归档保存以服务于日后的凭证查考；各类记忆机构将网络信息视作文化材料而将其纳入档案资源范畴；网络信息归档的复杂性和资源需求在提出挑战的同时也向社会开放"市场"，拥有资源或能力专长的社会力量参与其中，网络空间参与式归档的主体日趋多元。经由多渠道、多形式的观察与调研发现，这些实践也反映出多主体的参与行动存在未成体系、参与规模不足、参与达成的成效有限等问题。这些问题连同其背后的影响因素，共同显示出网络空间参与式归档体系化建构的方向与要点。

4.1 参与式归档的实践局限

4.1.1 粗放的行动表现

网络空间尽管赋予了多元主体参与归档的情境、驱动力与工具，但现有行动的粗放性特征显著：

（1）参与主体分散化，缺乏中心度。从网络空间整体角度可发现，多元网络空间建设者不同程度地参与了网络空间信息有序化管理的进程。但除了部分记忆机构在其主导的行动中设定中心以实现相对的协作式参与以外，行动中更多呈现的是缺乏中心导向的细碎行为。

①行动主体呈现"孤立"或"半孤立"的现象，不同信息归档主体的归档任务并没有得到其他主体的充分参与，行动过程中获得的外在支持不足。这在基数最大的个人网络用户的信息归档活动中体现尤为显著，即便个人网络用户有归档意识，也缺少有效的助力与资源来完成归档行动。例如，面向大学生的

社交媒体信息归档管理调查显示,归档的主要障碍之一就是缺乏外在支持,即多数平台没有为用户提供捕获信息的工具。

②同一类归档主体的行动也并非都有一致的方向、节奏与目标,这在相对成熟的记忆机构主导的归档实践中表现显著。从全球代表性的实践来看,尽管IIPC建立协作机制面向全球展开协同化的互联网信息保存项目,对奥运会等重大事件的归档均有涉及,但各国与地区的参与力度并不相同。例如,同为IIPC的会员单位,但相比美国、澳大利亚,英国的政府网站归档已有20多年的探索并形成相对丰富且开放的网络档案资源[①],我国至今尚未有可开放并提供社会利用的政府网站档案,且在2019年才发布《政府网站网页归档指南》。

③行动散乱,缺乏整体调控。人类世界中的诸多行为有系统明确的依据与相应的组织架构来有序管控,而网络空间中的信息归档活动则缺失系统的调配规则。尽管在信息与数据治理中,围绕隐私、数据安全、知识产权有一定的制度性依据和对应的主管部门,但并未充分延伸向归档管理活动。由谁来统筹、组织和协调不同立场、目标、方向及具体行为的归档活动,欠缺明确的指导与框架,实体世界中归档管理的经验和显性成果在网络空间中没有得到适应性建构。例如,部分记忆机构如档案馆等提出要扩展职能,做社会公众归档的"指导员"和"教练员",但应配置的档案素养培育体系与档案管理协调机制仍未建成,这就使得当前的实践呈现出分散而无中心集成的状态。

(2) 行动随机化,过程管控度低,归档实践从起点、过程到后续的反馈升级缺失全流程的行动章法。

①准备不足。前端控制这一适用于数字情境信息归档的要义并未充分体现于网络空间现有的归档实践中,资源、能力与行动框架的前置均有限。网络信息归档中记忆机构已有较成熟的实践经验,例如中国国家图书馆启动了互联网信息保存项目,且国家档案局也发布了《政府网站网页归档指南》作为政策层面的支撑,但面向重大社会事件的网络信息归档却较为滞后,仅有《重大活动与突发事件档案管理办法》提供原则性的指导,可供网络信息参考的内容有限。2020年新冠肺炎疫情成为全球瞩目的重大突发事件,国家图书馆、国家档案局以及各地档案馆都发布了相关的征集公告。然而,网络信息并未列入主要范畴,仅是有所提及,其原因就在于缺乏立足重大社会事件的网络信息归档

[①] OBAMAWHITE HOUSE. Social media archive[EB/OL]. (2017-01-05)[2020-02-20]. https://obamawhitehouse.archives.gov/blog/2017/01/05/new-lenses-first-social-media-presidency0-.

第4章 方向识别：基于多元数字技术的网络空间参与式归档体系化建构要义

框架与制度。对网络服务提供商而言也是如此，经调查，除了有较完备的数据安全方案外，平台的整体建设框架中往往不包含为用户乃至平台自身设计的归档政策与功能。

②行动的过程连续性不足。归档行动过程欠缺可持续的、动态的内容充实过程。这类问题在以个人为归档主体的实践中尤为突出，具体来说，归档中具有规范流程的活动，如鉴定、分类等，并不完全适用于网络环境，个人形成者更多的是积累网络信息，即进行不定期的收集与程度不一的整理，个人对其中的信息是否有失存、失真、混杂等情况缺乏主动的检测与监控。

③行动的反馈升级无法掌控。由于信息流转的不可控或是管控程度有限，归档主体乃至网络信息生命周期中的不同利益相关者都难以单独实现归档行动过程中的问题识别与优化升级。全生命周期中各类行动问题却需要得到识别与解决，即使归档主体有充分的投入，他们的归档需求也不一定能够显示在后续的行动中。例如，即使形成者想归档信息，在归档过程中发现问题后也需要将需求反馈至平台，得到平台的关注、认可并完善平台制度与功能才有较佳效果。

4.1.2 有限的实践规模

实践进展显示：尽管存在多元主体参与推进网络空间有序化的信息归档活动，且部分情境中围绕同一活动渐趋协同，但参与规模相比网络空间的用户基数而言依然较小。

一方面，参与基数少，未成规模化协同网络。相比于网络空间的用户总数，有意识、有行动的归档群体比例极低。这可从多方面显示：①即使是以信息保存为职责的记忆机构，在全球范围内开展广泛的网络信息归档实践的程度也不统一。例如，我国当前的互联网社会化信息保存项目仍处于启动阶段，政府网站归档在国家图书馆和各地档案馆有一定行动，但均未提供可上线开放使用的资源，这从侧面显示出网络信息归档实践的开展在全球范围内并不充分。②从对平台的调查来看，多数平台尽管有一定信息管理功能与制度保障，但并未显著落实到归档环节。③于个人信息形成者而言，即便是大学生，也仅半数左右存在归档相关的行为，同时依据调查显示的信息管理教育同归档管理意识的正相关关系来看，由于我国尚未普及信息管理教育，大学生之外的将近90%的网民可能更无归档意识、能力与行动。因而，从总的实践进展来看，网络信息归档行动是零星的，没有在社会范围内形成普遍的网络化规模效应。

81

另一方面，行动碎片化，力度过小。规模的局限不仅显示在参与主体数量上，更在于参与主体的行动价值上。当前的实践中，各主体无论是自主归档还是对其他主体的辅助，行动少或是行动的实际价值有限均为关键问题。在自主归档上，网络信息形成、更新和替换的频率较高，而调查发现归档主体的捕获频率远低于此，于机构形成者而言可能造成政府网页的重要内容缺失。据调查，对个人信息形成者而言，由于没有按照规范流程收集与整理信息，造成信息规模过大或是关系复杂难以有序化时，个人会选择放弃归档或是任由信息大量囤积。同时，不同主体在参与某项网络空间归档的任务时，限于合规性框架的强制力或专业性指导不足，行动价值同样有限。例如，除了官方机构的网络信息依据法律法规要求需要考虑归档事宜，群体和个人所形成的网络信息没有系统的归档管理合规框架与具体要求，信息归档需求未能充分体现，这就使得归档管理功能没有引起网络服务提供商的关注，即便要开发归档功能也没有可以指导功能升级的明确规则。

4.1.3　质量不足的成效

由参与成效来看，网络空间所积累出的信息资源库在各式归档行动之下还需要更充分的统筹梳理和整合，归档结果的数量与质量需提升。比对各项目所获取的网络信息与已生成的信息可发现，归档结果数量极为局限，例如我国的互联网信息社会化保存项目，启动的首期项目仅包含新浪网，后续添加了阅文网，且不论归档程度如何，这两个网站的内容在我国互联网信息中也只占很小一部分。

同时，问题还在于各类行动结果即网络档案以及相关产品与服务的质量不高，尚有较大提升空间。

（1）无法确定捕获的信息原材料是否充分满足真实性、完整性、有用性和安全性的要求。例如，英国国家档案馆的 Twitter 档案由于缺失所发布信息之下的评论而影响其完整性；平台迁移至线下的信息缺失元数据，难以验证真实性；用户截图的信息或收藏的网页快照丢失了数据层级的内容，不利于后续的可信保存与资源级利用；平台政策的偏颇弱化了用户的信息控制力，造成隐私与知识产权风险。

（2）受归档主体的能力所限，信息往往未能充分整合为资源，加之网络信息的结构、语义、背景、联系等要素日趋复杂，整合难度高。同时，由于不同网络平台各有管理、技术、性质等配置，在网络空间整体上未达成归档管理全

第4章　方向识别：基于多元数字技术的网络空间参与式归档体系化建构要义

景协调机制与统一标准规范的情况下，难以形成可互操作的参与行动与资源结果，即不同主体开展的归档行动很难相互连通，不同归档平台的资源也难以实现高度共享。例如，调查显示，无论是平台提供的功能还是社会第三方的工具，均难以跨平台整理不兼容的信息。

（3）归档结果尚未实现面向开发利用的有效延伸。归档的目标是挖掘所捕获信息的价值以服务于不同活动，但当前的归档网络信息在提供利用方面成效有限，如仅能以主题、账户之类的线索提供初级的分类结果，能提供数据集或是知识产品级的利用更是极少数，甚至部分网络档案库无法提供利用或未实现社会面的开放使用。例如，由于技术整合难度、资源限制以及可能造成的伦理法理风险等问题，美国国会图书馆明确指出 Twitter 档案库现在无法对社会全面开放使用。

由此，对照整个网络空间当前的建设进展，各类行动依旧没有全面改善归档管理的滞后性。同时，留存且发挥网络档案证据、记忆、资源、资产价值的归档目标尚未深入展现。相比之下，随着网络信息所承载的从个体到集体的画像含义逐渐显现，网络空间中信息失真、失存、失用的问题亟待解决。例如，人工智能将带来更普遍的信息生成和处理行动、5G带来高速的万物皆媒场景、区块链可能形成泛在的信息基础设施等，庞杂的参与行为在不断生长的网络空间中尚显粗放，无法充分满足归档需求和应对归档挑战。

4.2　问题要义：网络空间参与式归档的体系化建构方向

实践进展所呈现的不足总体上说明了当前网络空间参与式归档未形成完整体系，经由分析可发现，造成实践局限而需应对的核心问题如下：

4.2.1　尚需重构融合的概念认知

随着网络空间不断拓展信息的形成与传播时空，相应提出的参与式归档更多立足于行动倡议而非严谨系统的概念认知：第一，传统的归档在时空边界上呈现出"线性特质"，电子文件管理即使提出了归档前置，也无法充分体现归档这一专业术语在网络空间中的适应性拓展。具体来说，归档是指将具备档案性质的信息有序化且移交的过程，这显示出归档是信息立足时空边界变化、信

83

息性质转变、线性的过程性活动。面向网络空间非线性、去中心、碎片化、网络交叠的特性，这样的归档界定同网络空间时空交错、信息主体互动、信息关联叠加的现象并不适应。比如，归档的时间节点、移交权利等在网络空间中难以明确与实现。

第二，档案领域中的参与同样需要理论化。当前围绕"参与是什么"这一议题，主要从政治学、社会学、经济学等角度展开讨论，依托公众参与、开放政府、众包、协同创新等话语来说明参与的内涵，得出参与的要义是多主体参与。档案语境中的参与界定，则主要是在社群档案馆、公民档案员等具体实践中有所呈现，由此得出的"参与"内涵存在两方面的问题：一是欠缺理论层次的系统界定，二是面向网络空间的内涵建构不充分。例如，参与界定的归纳更多的是指档案实践领域中有公众参与的行动类型，即使提出的界定是多元主体参与，也没有完全匹配多元主体而更多偏向公众参与。这限制了对主体参与的阐释，对参与中涉及什么要素、这些要素的内涵与形态是什么等更是缺乏明确的界定。同时，参与的含义同网络空间的关联也主要立足于工具层面，即通过网络空间提供的工具如何实现参与式的档案管理活动。因而，为有效确立网络空间中大体量、复杂网络的、有序的归档系统，参与的界定尚需多层次、多维度拓展，以形成更完整且更具针对性的内容体系。

4.2.2 有待集成构建的方法框架

实践局限同样体现为在"如何做"的问题上缺乏章法，未形成立体化的参与式前置方法、框架与原则。

一方面，规模化、有序化、协同化的参与要义没有充分融合现有理论，以构建参与式的归档方法。因而，当前关于参与式归档的理论与实践成果更多的是将参与作为结果予以呈现，对起点与过程缺乏系统说明。例如，参与内含的自组织规律没有被充分挖掘与应用，而这在基于自组织构建的网络空间中尤为关键。同时，参与式归档中需要扩展他组织的介入，但现有归档方法未依托相关的研究成果如社会治理理论进行充分设计，导致信息形成者、记忆机构、网络平台、政策法规制定者的协同机制建设不充分。

另一方面，当前对参与的设计偏重于主体层的协作。然而，归档是整体的管理活动，信息对象、工具、具体内容、外部条件等是主体发起协作行动不可或缺的要素。当前的界定主要从参与主体类型和主导机制两方面展开，缺失系统认知框架下对参与各要素的确认、定位和关联设计。具体来说，一是在存档项目中对信息对象、具体情境、平台等方面的解析和关联不足，因而最后形成的实践较为简单，尤其在显示信息、媒介要素的主体性上有限。二是缺乏从网络空间整体展开的、更加全景的、不同主体、立场、资源、要素、情境可连接的归档体系设计，即各种参与行动连接起来所形成的面向整个网络空间的归档系统。

4.2.3 尚待落实的多元技术对照制度的应用体系

相比于理论设想，如何实现的问题更是缺乏解答，参与式归档的具体可行方案设计颇显不足。依据已有调查与分析可发现，无论是面向微观的存档任务，还是网络空间整体视野下各自展开的潜在关联的归档行动体系，都尚未形成完整的实践设计与经得起验证的实现方案。这一问题的关键在于缺失与归档需求匹配融合的制度和技术。

（1）制度性方案缺失表现为：①某类主体的归档行动或是某项归档任务中谁参与、归档何种信息对象、目标是什么、协调机制如何、流程与内容为何、具体规范与要求是什么等均未在制度上形成完备规则。②缺乏统筹与协调的完整框架，以连接网络空间中定位不同、目标不同、层次不同的各有取向的归档行动，这导致各参与式实践参差不齐或难以相互对接以提升行动的持续力。例如，美国国会图书馆的 Twitter 档案库项目，尽管对图书馆和 Twitter 公司、数据移交中介之间的关系有一定说明，但关于信息组织和后续的社会化利用则没有具体方案，开放鉴定也欠缺应对策略。

（2）技术层面的难题体现为：归档挑战在技术维度表现显著，需要同步提升各主体的技术能力。一是当前的技术标准和方案不能充分满足归档需要。在获取和捕获信息方面，尽管有许多捕捉信息的策略，但由 API 从平台直接获取信息被视作最有效的方法，然而 API 的设计在兼容性、格式、功能、完整性等方面难以满足多元与广泛群体的需要[1]。二是基础设施有限，无法支持大众参与网络空间归档。例如，为获得大规模的数据，需要实现快速的计算处理

---

[1] DEBATIN B. Ethics, privacy, and self-restraint in social networking [M] // TREPTE S, REINECKE L. Privacy online: perspectives on privacy and self-disclosure in the social web. Heidelberg: Springer Berlin Heidelberg, 2011: 47-60.

许可，而其主要的障碍是速率限制和技术能力[①]。同时，对用户而言，归档信息的设备、存储归档信息的空间、用以连接复杂信息的工具等亦有可能欠缺。三是归档技术的自动化程度不足，难以满足各类归档主体应对海量信息的技术需求，即当前用户可获得的智能化工具支持不足，难以实现对信息的一键式归档。对用户而言，能否认识、理解、掌握并信任存档技术亦是问题[②]。

  由此，关于网络空间参与式归档的障碍可进一步细化为：一是网络空间中多元且持续进化的网络技术所带来的挑战。这种挑战既表现为日趋复杂的信息情境由繁杂的信息背景、内容、形式等要素综合呈现；也表现为技术社会建构框架之下的社会与文化内涵，驱动了技术发明、使用和改良。因而，凸显出"呼唤"技术、支持技术开发、指导技术应用的规则的重要性。二是当前网络空间归档对技术工具的应用或开发驱动有限，学者与专家所提到的应积极利用现有技术来延伸出归档技术体系的建议，暂未得到有效落实。当前的技术主要是从微观解决归档流程中每一个环节的信息处理动作如何形成自动化或半自动化工具的问题，而对在整体技术框架下搭建全面的归档设施则缺乏重视，对于能够使用什么技术、为什么用、如何用等问题没有整体、有重点的探索。三是没有有效地从管理、社会、文化等方面全面分析技术、信息、信息归档之间的相互关系，归档中技术的需求不明确，技术的应用则缺乏归档方案的支撑。由此，导致技术策略未能充分发挥效用以解决网络空间归档落地问题。

[①] KINDER-KURLANDA K, WELLER K, ZENK-MÖLTGEN W, et al. Archiving information from geotagged tweets to promote reproducibility and comparability in social media research[J/OL]. Big Data & Society, 2017, 4(2): 1-14 [2020-11-30]. https://doi.org/10.1177/2053951717736336.

[②] KINDER-KURLANDA K, WELLER K, ZENK-MÖLTGEN W, et al. Archiving information from geotagged tweets to promote reproducibility and comparability in social media research [J/OL]. Big Data & Society, 2017, 4 (2): 1-14 [2020-11-30]. https://doi.org/10.1177/2053951717736336.

第 5 章 理论建构：网络空间参与式归档的核心概念

核心术语解析与重构的不足，制约了网络空间参与式归档理论与方法的体系化建构以及实践方案的系统设计。因此，建构网络空间参与式归档要从核心概念着手，确认其现有内涵，识别不足，并面向网络空间建构出整体性的概念内容。

5.1 理论参照

立足网络空间情境的参与式归档要充分显示网络空间内含的建构机制与文化本质。因而，构建参与式归档的核心概念需要对两大理论进行融合：一是自组织理论，原因在于网络空间被视作自组织的典型代表；二是社会治理理论，社会学与政治学认定社会治理是人类组织形态发展的基本方向，而网络空间是重要的社会治理试验场。这样的概念基础也将在后续用于网络空间参与式归档方法层面的通用框架设计。

5.1.1 自组织理论

启蒙运动时期，就有学者提及自组织理论的相关理念。随后，这些理念由物理和生物学发展至社会科学，将物理系统和生命系统中自发形成有序结构的规律延伸至人类社会，以此认识人类应对社会变化的自身发展机制。相对完整的解释由考夫曼等学者在 20 世纪 90 年代完成，用以说明人类是如何在灾难之后根据环境变化进行自身调整，如变换组织形式、行动流程等。

自组织是指特定系统中拥有同一目标的成员交流、选择、相互调整的集体行动流程，呈现了社会系统中"组织"成员与单元重要的能力学习过程：①自组织是通过交流行为发生于社会背景下的连续性流程；②自组织伴随着选择，创造了所在系统的环境适应能力;③自组织是在相互依赖的系统中一些单元影响或控制另一些单元;④自组织系统是大规模并行处理系统,其中不同的构件同时执行不同的功能,以实现系统的预期目标。认识自组织可从四个要素着手,即行动者数量、行动者的互动频率、行动目标、系统边界(如特定的事件、时间、条件、地点等)[①]。

自组织的特质表现为:①首先形成典型的结构或组织,由构件通过互动和合并形成更高层级的结构,再由持续性的流程推动结构向更高层级不断发展;②这种创造受到最低程度的外部干预;③这种可持续的流程是自发产生的;④不同单元间的互动有着可识别的规则,互动既可以是协作,也可以是冲突。

由此,自组织的动态和进化特质可进一步解释为:①它是一种消散的结构;②它处于混沌边缘;③它是一种本地规则的运作;④它由低程度有序的系统组成[②]。

自组织在人类世界中极为普遍,其中网络空间就被视作从低级到高级、从无序到有序持续建构的自组织实践代表。网络空间中数以亿万的行动群体,基于不同目标形成了相异并进的系统(即各类网络组织与社群)。这些系统以信息流为媒介在社会活动中交流、竞争、协作,以适应社会变化,由此持续推动网络空间的演进。在去中心的机制下,不同背景、知识、目标和文化的网络用户及其产生的信息之间遵循着一定的规则或规律。因而,认识这些规则或规律需要嵌入自组织的理念与方法。同时,这有助于理解网络空间参与式归档的自组织内涵:一是网络空间产生的信息资源库是自组织开展活动的结果,参与式归档就是这一自组织特质的有效延伸;二是参与式归档本身就是网络空间自组织的建构性活动[③]。

因此,自组织理论既可用于解析网络空间作为复杂系统的建构与管理,亦有助于理解参与式管理的社会性自组织行为。自组织理论有利于认识与理解多元主体在网络空间中的行动特性、行动动力、协同条件、活动形式和实践途径,为归档主体、信息、媒介等要素形成持续进化的、有生命力的系统提供建构依据。

---

① COMFORT L K. Self-organization in complex systems [J]. Journal of Public Administration Research and Theory, 1994, 4 (3): 393-410.

② HUDSON C G. From social Darwinism to self-organization: implications for social change theory [J]. Social Service Review, 2000, 74 (4): 533-559.

③ FLAKE G W, LAWRENCE S, GILES C L, et al. Self-organization and identification of web communities [J]. Computer, 2002, 35 (3): 66-70.

5.1.2 社会治理理论

社会治理理论起源于西方学者围绕民主社会、良序社会等议题的长久探索，如杜威关于民主融合于传统社会的讨论，罗尔斯对正义应有新起源的良序社会的倡导，这些探索均推进了社会制度设计的理论转向①。由此，社会治理在提出时便区别于以政府全能管控为要点的公共管理，在 20 世纪 90 年代逐步形成相对完整的理论。

社会治理理论的主要内涵为：①多元协同。社会管理主体由政府或其他主流的社会管控者转向社会中不同力量的识别者、协调者与统筹者，由此推进不同力量跨越公私、层级、专长的边界，促进个人、私人机构、非主流群体等纳入社会管理主体的范畴，最大化贡献于社会进程的发展。②区别于管理。社会治理不仅关注"如何做"的问题，而且关注在协作的基础上形成指导管理的规则体系。③面向过程。治理的整体理念不仅体现在主体层，同样要求制度设计应纳入参与协调的各对象与要素，形成动态的规则设计。由此，社会治理理论将伴随不同领域或是不同情境的多元化，形成网络化治理、多中心治理、协同创新等相关理论②。

目前，社会治理理论已基本得到中国学者的认同，以俞可平、张康之为代表的学者指出社会治理的目标是善治，应立足于中国的政治、技术、社会背景展开本土化设计与延伸。在对社会治理理论与实践相关议题的探讨中，互联网是兼具治理文化与技术特质的典型情境，其主要维度显示为：

（1）互联网作为工具可以用于社会治理，政府网站、社交媒体等各类平台可促进社会在政府各项职能和业务中的参与和协作③④。

（2）互联网的理念可用于丰富社会治理理论与实践，开放共建、平等共

---

① 张国清，刘腾. 零碎的抑或总体的：杜威和罗尔斯社会治理理论比较研究 [J]. 浙江大学学报（人文社会科学版），2013，43（4）：66—76.
② 骆毅. 互联网时代社会协同治理研究 [D]. 武汉：华中科技大学，2015.
③ 韩志明. 从"互联网+"到"区块链+"：技术驱动社会治理的信息逻辑 [J]. 行政论坛，2020，27（4）：68—75.
④ 陈涛，董艳哲，马亮，等. 推进"互联网+政务服务"提升政府服务与社会治理能力 [J]. 电子政务，2016（8）：2—22.

享、协调共治、合作创新等理念可用以拓展社会治理的原则要义与内容组成[①②]。

（3）互联网已经建成了以网络空间为载体的人类虚拟社会，它是社会治理的重要场景与情境[③]。换言之，网络空间的有序化需要有效应用社会治理的理念、方法与具体模式[④]。

因而，对网络空间参与式归档而言，社会治理理论的内核是面向后现代化的社会转型，要义是融合官方规则引导社会自治，实现多元主体协同，这同参与式的档案管理不谋而合[⑤]。同时，社会治理理论逐步显现出了公众参与这一要点，例如，基于我国实际形成的面向基层个体的研究成果，为公众参与提供了机制和路径上的基本参考，也为网络空间的参与式归档提供了实现层的设计依据。

5.2 核心概念回溯

除了前文从概念、形态、内涵解析过的网络空间，归档与参与同样是研究的核心术语。

5.2.1 归档

5.2.1.1 归档的概念

《辞海》（第六版）对"归档"的解释是：一个单位内各个部门或工作人员，把已经处理结束（或告一段落）的具有保存价值的文件，经系统整理后移交档案机构或档案工作人员。根据传统档案学的观点，归档是文件向档案转化

---

① 崔学敬，赵志学. 论互联网思维对当前我国社会治理的启示［J］. 行政管理改革，2017（3）：45-49.

② 王国华，杨腾飞. 社会治理转型的互联网思维［J］. 人民论坛·学术前沿，2016（5）：24-34.

③ 何明升. 虚拟社会治理的概念定位与核心议题［J］. 湖南师范大学社会科学学报，2014，43（6）：5-12.

④ 徐晓林，陈强，曾润喜. 中国虚拟社会治理研究中需要关注的几个问题［J］. 中国行政管理，2013（11）：7-11.

⑤ 燕继荣. 社会变迁与社会治理——社会治理的理论解释［J］. 北京大学学报（哲学社会科学版），2017，54（5）：69-77+2.

的标志，是文件处理的终点、档案管理的起点。进入数字时代，归档在电子文件再造的流程中有所变化，归档的"档"指代的范围更宽。但无论怎样变化，"档案"的内涵与外延都体现为动态的过程。在中国，归档是指将具备档案性质的信息有序化且移交的过程。在其他国家，由于概念界定、管理制度、工作流程的不同，存在着与归档类似，但行动内涵（如行动主体、时间点、要求、目标等）不尽相同的管理环节，如 capture、registration、filing 等。以 capture（捕获）为例，它同归档的一致之处在于，对形成的信息从保存的角度开始介入，并将其纳入需要固化管理的范畴中。但相比中国的归档，它在信息对象上更宽泛，在流程上更靠前，且不要求物理移交，也并不需要特定的归档部门或档案工作者来实施。由此归档的内涵可解析为：

（1）信息被纳入档案管理范畴。这意味着信息被预设为或已当作固化对象，以档案方法进行管理。信息的动态性将得到限制，以保证其真实性、可靠性、完整性、可用性和安全性不受损害。这在中国体现为物理归档和逻辑归档，即将管理权转移至档案部门。

（2）信息成为有序化资源的组成部分。归档是过程性的环节，涵盖移交、鉴定、整理等步骤。例如，它要依据分类方案与保管期限表等规范，确定归档信息在整个档案集合中所处的位置，分配类别、保管年限、分类号等标识项。经过归档的有序化过程，信息在整个文档集合中的有机联系得到明确呈现，信息间不再是相互孤立的，而是背景、内容、结构具有有机联系的信息组合与关联体。例如，捕获（capture）的主要内容包括：①分配一个独一无二的标识符（或是机器形成与可读的，或是人类可读的）；②捕获文档在形成时的相关元数据；③建立文档与其他文档、业务部门或业务的关系。

5.2.1.2 归档的内涵：具体方式的表现

不同背景下，以不同载体呈现的以及因不同需求生成的文件，其归档方式也不尽相同。依据现有制度和实践，主要的方式包括：

（1）纸质文件的定期实体归档。中国的纸质文件是典型的定期实体归档，即将办理完毕的有保存价值的文件实体依据规定从文件形成者移交至档案管理部门或人员统一管理[①]。

（2）电子文件归档。在数字环境中，定期物理归档已经不能完全满足管理

---

① 国家档案局. 中华人民共和国档案法［EB/OL］.（2020－06－20）［2023－03－29］. https://www.saac.gov.cn/daj/falv/202006/79ca4f151fde470c996bec0d50601505.shtml.

需求。归档出现了两类变化：一方面，归档环节前置。在电子文件前端控制与全程管理的框架下，归档环节不仅前移，而且归档活动也分散到电子文件管理的不同阶段中。另一方面，以逻辑归档弥补物理归档的不足，即在计算机网络上进行，但不改变原存储方式和位置，从而实现电子文件的管理权限向档案部门移交[①]。

（3）网络信息归档。网络信息归档需要制定相对完善的归档方案并依靠数字工具来完成，如归档范围、收集对象、收集频率、收集方法、收集技术等都要提前设计，且持续完善。不同类型的网络信息如静态网页、动态数据库等的归档需求、利用需求不同，归档方案也会不同，因此应依据网络环境的变化及时调整。互联网档案馆、澳大利亚的 Pandora、欧盟的 NEDLIB（欧洲网络存储图书馆）和数字档案馆、美国国会图书馆 MINERVA（网络电子资源虚拟档案库）等实践显示出，档案馆、图书馆、其他历史文化机构、商业机构等多元主体纷纷参与到网络信息归档之中。网络信息的归档分为两种：一种与前文所述的两类归档类似，通过定期或不定期的方式，由形成者内部的文档部门或人员完成信息的归档；另一种则是相对普遍的做法，由保管机构如档案馆、图书馆或是第三方进行归档，归档对象更加倾向于具有保存价值的整个网络站点在某个时间节点的内容，而非其中的小部分信息。

5.2.2 参与（式）

参与在档案领域内主要是指参与式的管理，本质上体现为两个层次：一是档案管理从档案工作者的专职范畴拓展为更多社会力量的协作，来分解日趋繁重的档案工作；二是档案事业从官方或主流的档案机构范畴显性延伸至更广阔的社会空间。2011年，特里·库克在中国发表了题为《四个范式：欧洲档案学的观念和战略的变化——1840年以来西方档案观念与战略的变化》的演讲，预测西方的档案观念正逐步向社会/社群范式拓展[②]。2012年，冯惠玲在全国档案工作者年会上作题为《社交媒体与档案社会化》的报告，从档案管理的对象、主体、方式阐释档案社会化中社会记忆由国家书写扩展至社会书写的发展

---

① 国家档案局. 电子文件归档与电子档案管理规范[EB/OL]. （2016－08－29）[2023－03－29]. https://std.samr.gov.cn/gb/search/gbDetailed?id=71F772D81026D3A7E05397BE0A0AB82A.

② 特里·库克, 李音. 四个范式：欧洲档案学的观念和战略的变化——1840年以来西方档案观念与战略的变化［J］. 档案学研究，2011（3）：81－87.

趋势[1]。这种理论判定的基础是各类社群、私人档案馆纷纷建成，围绕各种内容所建的档案馆纷繁复杂，网络空间提供越来越多的场景与工具，显示出社会参与的空间，同时这种参与空间也反哺于档案馆内容与形态的创新。因而，有待从术语的角度对"参与"这一核心要义进行系统建构。

5.2.2.1 总体内涵

参与遍及创意生产、社区生活、民主政治、教育实践、分众传播等方面。参与在政治领域中一般和民主同义，是开放政府的核心内容之一。随着互联网的运转机制走向信息消费者同生产者角色的融合，参与在各个领域都有了不同程度的显示，技术开源社区 GitHub、NASA 的公民科学家项目等均是典型代表。参与的内涵可从 7 个维度展现（表 5-1）。

表 5-1 参与的 7 个维度

维度	描述
教育作用	学习有价值的东西，尤其是如何有效参与
目标与任务	参与者不仅要承担任务，而且要帮助设定目标
资源控制	参与者能够控制（拥有或使用）资源，而不仅是生产资源
退出	离开时不受惩罚而且带着控制资源的能力
发声	为了影响结果而发言的机会
可视的测量	关于参与和结果之间存在联系的实证
情感/交际能力	集体欢腾和成为受众的一部分的体验，公共组织内的交流、情感、友好关系和社交

5.2.2.2 档案领域的"参与"回溯

档案领域内关于参与的探讨主要围绕档案馆以及相关的档案管理形态展开，表现为两个不断深入的阶段性认识。

1. 用户参与共建公共档案机构

美国档案专家凯特·天玛（Kate Theimer）在其博客 Archives Next 上提出档案馆 2.0 概念[2]，主要是指社会多方力量参与共建官方的公共档案馆。档

---

[1] 冯喆. 一场"档案与文化建设"的饕餮盛宴[N]. 中国档案报，2012-11-08 (1).
[2] JOY P. Archives 2.0: if we build it, will they come? [J]. Ariadne, 2009 (60): 1-6.

案馆 2.0 源自政府 2.0、图书馆 2.0、博物馆 2.0 等概念，是为表明某个领域的实践进入信息时代或知识社会，从而进行了形态创新的营销性话语。随后，档案馆 2.0 作为具有创造性价值的发展趋势，得到更为广泛的探讨，包括档案馆 2.0 的价值、发展潜力、具体形态演变等[1][2]。美国档案工作者协会（SAA）、曼彻斯特大学 CRESC 研讨会在 2009 年围绕档案馆 2.0 中的参与要义，讨论了其发展契机与挑战，并进一步拓展至参与过程中涉及的众包、档案权力等具体问题。综上所述，档案馆 2.0 的概念主要显示为使用 Web 2.0 工具吸纳社会各方力量参与公共档案机构的建设[3][4][5]。通过对比档案馆 2.0 与原有档案馆形态，可发现档案馆 2.0 的参与主体主要是用户、社会有资源（资金）的组织机构与个人等，而两种形态的区别主要包括以下 12 项：

（1）开放，而非封闭的。档案馆的实体空间和利用政策要尽可能开放，通过完善服务形式与功能以确保馆藏得到最广泛利用，而不是多方设限或只对历史学家、家谱学家等"有资格"的研究人员开放。

（2）透明，而非不公开的。过去，档案馆为体现中立和客观，不向研究者展示档案工作者对馆藏进行鉴定、处理、著录等具体活动的过程及影响。档案馆 2.0 则需要记录并公开各活动的决策过程。

（3）以用户为中心，而非以文件档案为中心。原有档案馆形态将识别和保管档案作为第一要务，形成的著录和利用工具只是服务于档案工作者自身。档案馆 2.0 将服务用户作为主要任务，提供的著录信息、系统和工具都需要用户能够理解。

（4）要做服务的协助与促进者，而非守门人。档案馆 2.0 不再强调对利用的管控，包括限制谁能看、如何看以及看到哪些信息，而要促进利用，在利用等活动中凝聚广大用户的智慧与能力以建设协作型的档案馆，例如使用社交媒体来邀请用户贡献和参与著录、评论。

---

[1] KENNEDY M. Cautionary tales: archives 2.0 and the diplomatic historian [J]. Ariadne, 2009 (61): 30−41.

[2] VELIOS A. Creative archiving: a case study from the John Latham Archive [J]. Journal of the Society of Archivists, 2011, 32 (2): 255−271.

[3] SAMOUELIAN M. Embracing Web 2.0: archives and the newest generation of web applications [J]. The American Archivist, 2009, 72 (1): 42−71.

[4] SINN D. Archival memory on the web: Web 2.0 technologies for collective memory [J]. Journal of the Korean BIBLIA Society for Library and Information Science, 2012, 23 (2): 45−68.

[5] KALFATOVIC M R, KAPSALIS E, SPIESS K P, et al. Smithsonian Team Flickr: a library, archives, and museums collaboration in Web 2.0 space [J]. Archival Science, 2009, 8 (4): 267.

(5) 吸引新用户，而非依赖用户主动来到档案馆。相比于等待"忠实用户"如历史学家、家谱学家等研究人员自发来到档案馆，档案馆 2.0 强调要主动到用户所在的空间，而非仅仅停留于档案馆所能控制的空间，如档案网站提供数字馆藏利用时，可将 Flickr、Facebook、YouTube 等社交媒体都纳入其中。

(6) 形成共同的标准，而非各行其是（地方化的实践）。尽管馆藏的多样性导致了实践的不同，但档案的性质、特点和需求却有一致之处。这就要求从各行其是的实践中，形成并使用统一标准，如著录标准 EAD（档案编码著录标准），从而为实践行动互连和资源结果互通奠定基础。

(7) 要有衡量标准与测评行动，而非形成不可评估的结果。在过去，档案工作者认为其工作无法测评，或不认可其工作需要系统评价来确认其生产力。档案馆 2.0 则认为用什么来衡量以及如何衡量工作结果的价值，都应得到关注。

(8) 应是迭代的产品，而非"完美"产品。面对日益增加的工作和用户期望，想要提供完美的档案产品这种思维已不再适用，档案馆 2.0 应提供的是根据需求等因素动态升级的、更及时的产品。

(9) 具有创新与灵活性，而非固守传统。固守成规的实践须得到改变，无论是整合还是开发利用工具都不应仅仅参照已有做法，墨守成规。档案馆 2.0 要求根据变化的工作环境和用户期望，形成更灵活和开放包容的工作方法。

(10) 理解技术，而非恐惧技术。不同于传统档案工作者只需适应纸质环境，档案馆 2.0 要求工作人员更加热衷于网络文化、熟练计算机代码，能够应用和修改开源软件，甚至自主开发软件产品。

(11) 行动，而非想着了解一切档案。不应再将了解馆藏中的所有信息作为衡量"好员工"的标准，更不应通过熟知馆藏的方法来提供和管控档案利用。在馆藏极速增长的当下，员工无法也无需清楚馆藏的所有细节，档案馆 2.0 要求档案工作者通过专业技能帮助用户获取所需档案以获得用户认可。

(12) 自信游说以获得资源，而非在犹豫不决中乞讨。相较于在资金不足但可维持工作的常态中被动等待资金拨放，档案馆 2.0 要求档案工作者能够培养从机构、地区乃至国家层面主动游说以获取资金的能力。

2. 社会参与的全景多元档案空间构建

相关提法主要为档案馆 3.0，即以参与式的档案馆为主。特里·库克预测参与式的档案管理是呼之欲出的第四范式，倡导同公共档案馆并行的社会档案空间也应得到广泛建立。与档案馆2.0相比，参与在这其中表现为：

（1）在官方与主流之外创建和关注不同类型的档案空间，倡议档案多元宇宙。官方与主流档案机构更关注社会整体记忆与宏大叙事，但非官方机构、群体、个人的记录及其诠释也应得到重视，以构建更为多元的记忆。同时，全球化进程中，各国与各地区档案研究和实践的合作加深，各行其是的归档行动有着愈加统一化的管理标准与行动。多元化视角要求关注本土的或地方的档案资源、档案工作实践、档案研究活动，挖掘其异质性[1]。因而，不同的社会组织机构、群体可在国家主导的公共档案馆之外形成更能代表自我话语的档案空间。随着社交媒体等互联网应用融合于人类世界，出现了新的社会和交流空间，每个人都可以通过网络成为自己的出版方、作者、摄影师、电影制作者、音乐录音的艺术家和档案工作者，与之对应的档案空间亦有创建的必要与可能[2]。

（2）档案馆2.0的参与内涵进一步延伸并具备实践基础。澳大利亚原住民档案、美国南亚裔数字档案馆等实践进一步印证了上述设想的发展空间与价值。这些实践在将用户转化为贡献者的过程中，使社会到公众个人逐渐成了档案馆建设的参与者、辅助者乃至主导者。换言之，公共档案馆之外广泛建立档案空间的可能性加大，国家之外的主体可从内容基础、档案管理能力、技术工具、基础设施等多个方面来创建档案空间。可见，从公共档案馆的公民档案员项目、社群档案馆、私人档案馆到各类社交媒体存档服务，都在显示档案馆3.0的实践可行性和市场。

（3）档案馆3.0是对档案馆2.0的升级拓展，它主张从主体、资源、方法等要素方面实现创新与包容。与档案馆2.0相比，档案馆3.0关注用户参与渠道与功能，倡导分享档案资源，鼓励与用户形成良好互动，也更强调全程、全面与深度的参与式特质[3][4]。在档案馆2.0的界定或介绍中可发现，档案馆是管理主体，社会力量的参与得到倡导，但仍以"用户"视角为主；资源以源自

---

[1] KETELAAR E, MCKEMMISH S, GILLILAND-SWETLAND A. Communities of memory: pluralising archival research and education agendas [J]. Archives and Manuscripts, 2005, 33 (1): 146-174.

[2] COOK T. Evidence, memory, identity, and community: four shifting archival paradigms [J]. Archival Science, 2013, 13 (2): 95-120.

[3] HUVILA I. The unbearable lightness of participating? revisiting the discourses of "participation" in archival literature [J]. Journal of Documentation, 2015, 71 (2): 358-386.

[4] HUVILA I. Participatory archive: towards decentralised curation, radical user orientation, and broader contextualisation of records management [J]. Archival Science, 2008, 8 (1): 15-36.

政府的馆藏资源为主，用户主要起补充和挖掘作用；管理理念与方法强调专业的档案管理，即以档案馆的权威为主。而档案馆 3.0 中的参与并不要求参与者必须贡献知识与资源以加深用户对档案的理解，而是更加宽泛的参与，即档案管理的专业性有所弱化，更关注是否有档案意识和行动以及不同参与者之间的互动。同样地，信息与通信技术的重要性得到认可，Web 2.0、Web 3.0、语义网、大数据、人工智能等均要用于推动档案馆 3.0 的建设和功能升级，且更为关键的是融合这些技术背后的社会需求与文化要义[1]。

（4）不同于档案馆 2.0 以官方或主流档案馆为范畴，参与在档案领域进一步深化为鼓励任何组织、机构、群体、个人共建共享"档案空间"。它们既可以在体量上以档案馆的形式存在，也可以是通过协同构建部分档案资源而实现的聚合体[2]。因而，档案馆不一定是资源及其管理主体，个人也可以是档案馆的所有者、决策者与管理者；以政府档案为主的资源组成亦不适用，社会各方产生的档案同样可以占据主体地位；允许档案专家以外的组织机构、群体或个人提出与形成不同立场与方法的管理方式，档案管理更加多元。

5.3 立足网络空间的核心概念深化重构

网络空间具有明显的资源式建构特点，这也意味着有大量正在形成且已累积的信息亟待进行系统广泛的归档。同时，其去中心自治协作的特质创建了多元主体共建网络空间的场景，体现出与参与相一致的要义。因而，网络空间同参与式归档有着密切契合之处。网络空间从背景、形式与内容上拓展了归档信息的内在要素，将为如何归档、如何实现参与式的行动带来认知及实践层面的重大影响。因而，参照目前归档与参与的核心概念，结合网络空间特质，基于实践解析的概念问题，由此深化重构网络空间中参与式归档的概念。

5.3.1 归档：面向档案化的延伸

鉴于网络空间构筑的是多元主体跨时空共建的、非线性的复杂情境，为契

---

[1] DELGADO G A, AMOZORRUTIA A B, OLIVERA L H. Archive 3.0, the new dimension of memory [J]. Tábula, 2015 (18): 14-16.
[2] RIDOLFO J, WILLIAM H-D, MICHAEL M. Balancing stakeholder needs: Archive 2.0 as community-centred design [J]. Ariadne, 2010 (63): 78-89.

合网络空间的特点，归档作为线性的有序化流程需要在概念上实现立体多维的"改造"，而更具整体时空观的"档案化"为此提供了思路。档案化是将信息记录在有形物质载体之上的行为或过程，其中更渗透着外加的技术、环境和人为因素。档案化并非归档，它并没有要求将档案化过程中记录的信息全部作为档案保存，因而不会造成档案概念自身外延的无限扩充。它既包括了文件的形成过程，也包括了后续的整个档案管理过程[①]。因此，从总体上将此过程概括为"档案化"也无可厚非。

具体而言，在网络空间档案化的认识框架下，可将归档内涵延伸为：

第一，因网络的时间维度弱化归档的"节点式"要求，重构归档的时空观。归档在原来的线性流程中有着明确的活动节点，但在网络中须面向非线性时间流进行一定调整。网络空间中，信息的形成更加动态。在不同社交网络平台，网络信息在各类主体的各式活动中形成、传播、利用、叠加，这些信息相互关联，难以确认可固化和捕获的节点。一个活动、话题、主体的信息及附属信息（如评论等）在网络中没有停止新增的绝对时间点。同时，网络信息归档尽管有一定的捕获频率，但它所呈现的是相对随机的保管结果，即在捕获频率一定的前提下，当下所捕获到的信息也只是某一个时间点所呈现出来的内容。而这些内容的数量、质量等具有较大的随机性，本质上留存的只是不断流动的信息池中"截获"的部分资源，没有实现覆盖整体或重点网络信息的归档。

一方面，归档不应完全执着于节点。应将归档要求前置于网络平台，并把档案思维与方法贯通于信息的全生命周期，从而确保归档主体在可行和必要时能够捕获真实可靠的信息。具体来说，在网络空间构筑的非线性环境中，信息的管理应跳脱出线性、有序的阶段化管理流程。这样的档案化管理可以从背景、内容、形式等多要素视角推进信息质量的维护与信息空间秩序的保障。由此，通过前期的档案化管理手段，在信息随着生命周期发展至需要保存时，可在每个时空点获得可信管理的过程性信息，确保归档结果的可靠性。

另一方面，归档所体现的信息应弱化从创建、传播到保存的空间界限。这种弱化可能体现为由线的界限变化为过渡式的面或立体空间的界限带。换言之，网络信息归档中，相比于捕获信息并将其转化为档案而进入档案库，更多的是固化的网络信息作为备份映射于档案库中。然而，由于万物互联，在各类主体开展的多样化活动中，网络空间中的信息流会持续生成与变换。对于网络

---

① 何嘉荪，马小敏. 后保管时代档案学基础理论研究之四——档案化问题研究 [J]. 档案学研究，2016（3）：4—11.

空间由信息库到档案库的变化,从档案的角度来看,可能留存的资源并未涵盖所有已经生成且需要保存的资源,并且已留存的资源可能包含了具有法理与伦理风险的信息;从信息的角度来看,其实本质上形成的就是累积式的、管理有限的"档案库",且归档过于强调空间界限对信息质量的保障。依据档案化的理论思想,即使只有一秒的保存需要,那也具备了档案的性质。因而,归档需要进一步破除由信息与档案的空间差异造成的边界,在保有档案库的前提下,将归档的信息质量要求覆盖于网络空间全体的信息治理框架。这本质上是将档案库细化为微观时空下的小单元,对归档的时间界限做了微观层面的切片处理。

第二,网络空间为各式档案活动提供愈加充分的基础设施与资源支持。这本质上将驱动档案理论、方法与实践全面融合于社会的方方面面,促进归档跨越专业门槛,实现大众化融合,从而满足现实归档活动普及化与联动化的需求:

一方面,应使档案活动作为基本形式在社会运行体系中得以普及,弱化归档对所有档案场景的绝对控制,即不是所有的"档案场景"都需经过"归档"这一传统意义上的固定环节。由此,可将档案理念与方法应用于各项信息活动乃至社会运营的"全体"职能中。同时,归档方法、流程、要求均需实现"有限变异或泛化"。这是由于,信息除了证据价值外,亦有记忆、资产、资源价值,且需要一定的归档方法支撑。但并非所有档案主体与场景都需要严格的档案管控体系,而是根据时空变化及与之相应的目标、取向、资源、能力来具体设定归档方式。换言之,在具体场景中,可能只是采纳了部分的档案理论、方法以及示范实践,形成不同主导者自主的归档体系。例如,个人倾向于累积信息,没有规律的鉴定环节,不能将个人网络信息归档视作规范的归档行为,但有意识地长久保存且采用可信的工具维护信息的可信性,则是拓展了归档场景。在网络空间中,按部就班的、线性化的归档活动并不切合实际。

另一方面,归档的联动前提是档案空间无限遍布且融合于社会空间。档案机构将由社会的"奢侈场地"转向大众化,使得归档活动获得无处不在的场景。档案机构被部分历史学家视作同艺术馆、美术馆一般的人类理想主义的存在,即不完全关注它的效益产出,而是进行潜在的利用。网络空间提供技术和平台这两大前提。换言之,在资源层,大众得以形成具有多重价值的信息;在基础设施层,技术能够打造出所需的工具,辅助社会进行网络信息档案化管理,让形成信息的主体都可能构筑自主的档案空间。例如,将社交媒体同区块链结合的研究设想,实际就是在提倡为社会建立分布式的档案空间。

此外，归档作为方法，其应用对象不限于档案，也可以涵盖更加广阔的信息领地，甚至是"非信息"的事物。社交媒体信息管理印证了这个现象。例如，美国国会图书馆的 Twitter 档案，该项目同我国国家图书馆互联网信息保存项目近似但进展更快，其移交的信息即使纳入长期保存的流程，利益相关者（如形成者）亦有权利提出撤销。这类项目尽管较大程度上应用了档案管理的一系列流程与要求，但对档案所要求的固化则做了一定变更。

5.3.2 参与：立足社会化的拓展

尽管参与的基本理念已得到内容式的解读，但当下的研究与实践难以完全阐释其概念内核、具体形态与实现路径。参与同档案社会化、档案多元理念、社会/社区范式等提法有着相对一致的概念框架。因而，基于网络空间提供的丰富情境，结合社会化的主要内容，立足前文关于社会治理与自组织的理论演绎，参与的概念内涵可拓展为以下方面。

5.3.2.1 社会网络与个体的相互建构

尽管在档案领域中对参与的理论认识缺乏完整与深入兼具、归纳性与具体性皆有的观点，但相关界定指出参与的方式具有多样性，且参与的内涵随着社会发展不断演进。面向网络空间提供的信息情境，参与的内涵仍然有待明确。共建映射于网络空间整体构筑之下的档案世界，是参与个体性与社会网络性的互动表达。

第一，参与主体及其行动方式不同。从微观层面来看，归档活动的参与是"个体性"的碎片表达。无论是公共档案馆发布众包任务、社群档案馆号召成员自治，还是个人自主存档或社会其他方寻求参与空间，都是不同主体作为"个体"的参与。在这其中，个体参与具有自主性，就是否参与、为何参与、参与程度、参与形式等拥有充分的选择权与执行权。这些个体无论是作为归档任务的发起方还是部分行动方，均有"主动权"，这是由他们的归档立场、意识、能力、资源等要素综合作用的结果。例如，新加坡国家档案馆长期开展众包实践，相比部门仅有 4~5 人的组成，众包活动的可持续运营可带来 10 个稳定的公民档案员（志愿参与档案工作的公民）。其成效就在于，著录等专业性活动的参与者主要是研究人员或知识水平较高的公民，并且其参与意愿与能力和管理活动的需要相匹配[①]。

第二，不同个体的参与存有关联，共同形成网络空间整体归档的社会网络。换言之，参与不是孤立的，而是多方要素关联的，因此才能实现归档活动的有效推进或是成果的集成。无论是作为发起方还是贡献方（发起方本身也要贡献），参与可以是参加某一主体的归档活动，亦可是参与网络空间的整体归档活动。这些个体的归档对象、目标、方式等会因信息所依托的社会活动而产生关联，在协作和冲突中"雕刻"归档结果。例如，在小范畴内，个人社交媒体信息归档除了由个人形成者主动发起，同样需要平台的支持如开放端口或提供归档功能，因此个人社交媒体信息的归档需要个人与平台两大归档个体之间的协作才能形成较为完整的归档结果。在大范畴内，任何个体的归档行动都可能推动网络空间作为整体信息进行有序保存和处置，即任何个体的归档行动都是网络空间作为整体信息归档的组成部分。

5.3.2.2 自组织与他组织的对照融合

将不同时空、社会情境、立场和表达方式的归档参与进行社会化自主普及与关联，并形成更加系统的参与，需要自组织和他组织方法的协同支持。随之，将自上而下的顶层设计融合入自下而上的自主行动中，从微观参与中建构体系化的参与系统：

第一，治理式的他组织有效协调各类参与是归档实现全景参与的重要条件。在社会治理的理论与方法框架之下，多元主体参与的要义是立场、资源、能力、行动的协同衔接。他组织的贡献在于：一方面，引导。他组织如政府、权力机关、记忆机构等官方主体有必要提供顶层指引和指导。例如，家庭建档在我国的运作方式深入基层，可作为示范普及，用于个人网络信息归档的素养培育与行动指导。另一方面，规范。由于归档主体的多元化，归档的差异性不可避免，但依然要有专业基准线，以达成归档行动的共识、协同与集成。例如，众包的任务选取、发布、分工、实施、质量审核、成果认定、知识产权确认等，均需要制度与工具的精细化配套。

第二，自组织的力量与规律应被充分理解、认可、尊重以及应用。这是明晰参与复杂性的基础，同时也是帮助认识与利用自组织的良性驱动策略。参与的要义是自主，这也是网络空间发起与发展的重要驱动力。归档活动作为网络空间建设的内容组成，需要全方位融合自组织的特质。因而，在理论与方法层

[①] 从新加坡国家档案馆咨询获得。

面构建参与体系的全过程中,自组织的内涵、形态、特性、活动规律、主体机制及其有序"混乱"的定位,应当用于帮助认识、理解以及建构网络空间的参与式归档。其中,需要在自组织的思路下深度发现广泛的自主参与和自主参与之间的有效连接并形成策略。例如,理解网络空间中的参与需要从信息行为的角度去调查与分析个人归档网络信息的意愿、动机、具体行为方式,以及个人行为如何变成群体或组织行动。同时,参与状态显示出的混乱、无序、差异大、动态、叠加重复等现象,均要在自组织的平衡与混沌要义中予以理解和应对。

5.3.2.3 由主体展开的多维内容考察

参与往往需从主体角度进行认识与理解,参与式归档或更宏大的参与式档案管理的设计同样需要面向定位不同的参与主体建立协作框架。然而,这种理解一定程度上造成了主体之外的其他归档要素缺失深入的分析,以及参与式归档体系构建的系统性不足,如信息对象、归档场景未得到充分考量。因而,在构建系统的参与式归档体系的理论中,要全面与深入考察归档的各要素:

第一,主体是参与践行层的关键要素。一方面,当政府为国家档案事业提供支持,且公共或国家档案馆持续提升其保管能力时,其他类型的组织机构、群体、个人都有一定意识参与到档案事业中。另一方面,对应于网络空间相互关联从而形成整体的特性,信息归档往往也需要不同主体的相互协同,当信息作为整体时,其完整性与价值才能得到更好地留存和维护。

第二,信息对象是参与得以深入的资源基础,应充分认识其各个构件。背景构件体现为形成信息的各类社会主体或社会活动,这直接推动:内容的多元化,即信息的形成者可以是社会中的任一组织机构、群体或个人,所记录内容包括用户在各行各业的工作记录、政治讨论、娱乐休闲记忆、人际往来痕迹、日常琐事信息等;形式的多样化,由于形成情景、目的以及主体素养的不同,用以记录活动的形式亦千差万别,除了日渐成为主流的以多媒体呈现的方式,以规范格式表达的结构化信息转向半结构甚至非结构化信息的呈现方式也逐渐崭露头角,表述方式也从官方规整叙事拓展为口语化表达。

第三,场景是参与体系具体化的关键要素。须注意的是归档行为在更加多重和相互融合的情景中发生,线性和边界的限制弱化,何时何地都可以发生归档活动:一方面,归档活动在官方场景之外持续扩张,官方场景的主导权或优势不再明显。非官方场景从附属阵地变成重要阵地,只要是社会活动的场景即可成为归档活动的场景。另一方面,各类活动场景依托数字技术突破时空限制，得以相互平衡和融合。不同归档主体和对象由于形成与利用时的关联需要互信互联，并在不同的场景达成对信息的统一捕获、管理、利用等，进而让不同场景实现融合。

第四，目标以及结果是参与的导向与升级基点。充分建构的档案空间在对社会活动全面、全程的支持中，获得了显性识别与认可，由此在人类世界将更具辨识度与影响力：一是档案文化得到扩张式建设。基于参与带来的归档场景延伸、主体投入、对象拓展、方式应用，档案文化在社会活动的各场景中得到贯通建构。档案、档案工作乃至档案学是什么被更大范围认识与普及，与此同时也得到了更多的反哺式补充，从社会层面推进档案文化的覆盖与拓展。二是归档活动拓展至显性空间。归档活动的边界不再局限于官方或主流机构的职能范畴，原有的小范围的社会参与将大大拓展实践基数与规模。归档不再是专属于专家的行为，而是可以被社会其他主体认识、理解和应用的活动。由此，档案活动的背景、过程、结果成为"随处可见"的事务。

第6章 方法导引：基于多元数字技术的网络空间参与式归档通用框架

基于核心术语，结合社会治理以及自组织理论得出的概念阐释，为网络空间参与式归档明确了更充实的概念基础，从理论层面为方法乃至实践方案的设计提供了系统参照。因而，网络空间参与式归档可以在方法层面构建面向多元可能性的通用框架，从设计原则、内容要素以及作用机制等方面呈现"如何做"的思路。

6.1 设计原则

网络空间参与式归档的通用框架的设计原则表现为以下几个方面。

6.1.1 主体参与为基点的整体复杂系统观

网络空间参与式归档的框架建构，首先要认识到多元主体的自主参与和协作是基点，但设计整个参与式的归档体系不应仅限于主体层面。

一方面，参与式归档在参与式文化和参与式档案管理的框架下，表现为：信息的多元利益相关者基于不同立场、目标、资源、能力，有着不同趋向与程度的参与意愿，从宏观或微观层面展开对网络空间的归档，并体现于多样化的行动。因而，网络空间参与式归档的框架应当从主体层明确网络空间有哪些归档单元、每个归档单元由哪些参与者构成，以及每个归档单元所处的系统、边界和对应的归档体系。

另一方面，网络空间参与式归档的通用框架涵盖多要素以及要素间的相互关联作用，所建构出的是动态变化的复杂系统。框架构建时除了从主体层出发确认参与者形成内容的方式，也应清晰认识归档涉及的信息对象、环境、流程、结果、保障性元素等，并从不同要素的视角考量与设计归档内容，最终形成多视野图景下的、多维的网络空间参与式归档体系。

6.1.2　动态进化的体系为认知前提

网络空间参与式归档是动态进化的体系,也应该是通用框架设计的前提:

一方面,从整体来看,通用框架的设计出发点并非形成一个静态完美的结果,而是创建可发展、可发现问题、可适应不同情境、内核明确、形态可变、动态进化的体系。因而,框架设计应关注的是各归档要素的本质载体与内容要义,注重的是各要素之间可确定的关联,保障的是网络空间参与式归档体系的开放与进化。作为整体的网络空间参与式归档是有生命力的系统,其中"生活着"不同的归档系统及其作用要素。这些归档系统相互作用,形成了对应人类世界的参与式归档的复杂系统,它们从低级到高级、从无序到有序不断演化,并影响着人类世界的演进。

另一方面,内在要素应嵌入新唯物主义观,显示出生命力与主体性。作为参与主体的社会组织机构、群体、个人有着毋庸置疑的演化能力与主观能动性,但不可忽视参与主体也受环境、信息对象、技术工具、流程等各类要素的影响乃至反作用。进一步来说,这些要素本身也具有生命力,是网络空间参与式归档所构建出的档案世界中不可或缺的"生态"组成。

6.1.3　面向多样化可能的前瞻包容视野

网络空间参与式归档作为复杂系统由不同的子系统、模块和内容组成,它在实践中表现为时空横纵的多样化可能。因而,框架设计需要前瞻包容的视野:

一方面,充分显示其包容性,具体表现为归档参与者、信息对象、情境、技术工具、流程等要素的多元性。同一时间范畴内,高级与低级、有序与无序的归档可在同一空间并存,不同空间的归档实践形态亦可关联。这是指,随着参与主体类型增多与基数扩大,不同价值观衍生出的档案观各异,相应形成不同的归档意识,再结合不同的档案能力与资源,不同系统呈现的归档形态也会显示出差异。这些归档形态既可能是较为专业的表达,也可能相对业余。因此有必要在协同框架下随时统筹与协调,但前提是尊重各参与者合法、合规、合理、合情的档案观。无论如何,归档形态都应该能实现自组织式的相互包容、连接和集成,且均会存在无序和有序的状态。

另一方面，前瞻的时间观应考虑归档框架的具体表现，包容进程不一的实践。一是在面向过去与当下的实践中，不同归档系统及其内含的要素在归档行动的表达上处于怎样的演化阶段以及具体进程，有哪些可能性，其发展节奏或路径的差异性要得到认可。因而，要以非线性观来看待参与式归档在网络空间中的具体界定，确认不同系统会出现怎样的实践，需要在框架中识别多元的时空情境。二是针对尚未发生的归档实践，应当有面向未来的预测空间，即通用框架应当在设计过程中留有余地，形成可连通但无须封闭的开放系统。

6.1.4　实现参与行动的意义为基准

网络空间参与式归档对多样化形态的包容并不是将"实践结果"放置，而是将每一种贡献和消耗进行"输出—输入"的整体统筹，确保各类参与行动能够真正作用于构筑网络空间所映射出的档案世界，并以此为基准描摹这一复杂系统。因而，网络空间参与式归档中要体现两种组织方式的融合：

一方面，自组织理念与方法应当在通用框架中全面贯通。一是自主性须获得充分认可，尤其要体现于归档主体模块。各主体的定位要显著体现，驱动其投入网络空间归档并共享归档行动的关键内容。二是各模块内容与各归档系统的开放端口应得到确认。须识别标准互通、确认归档多样性可能造成的混沌，相应明晰法理与伦理的注意事项，从而确保归档系统、要素、结果之间可相互作用，实现其向高级、有序进化。例如，平台的连接功能以及相应的行业标准规范都可以在通用框架中呈现。

二是他组织的引导要充分引入框架中，发挥可引领、可统筹、可介入、可指导的干预作用，用以消解自组织欠缺动力、初期行动涣散、各参与行动以及系统连通困难、制度与技术辅助有限、缺乏进化引导线等问题。因而，归档主体中的记忆机构、政策制定方以及信息对象中的国家档案资源等，都可以作为带动与引导的内容。

6.2　基本要素

如果把网络空间参与式归档视作复杂系统，那么系统的组成要素，是其从低级到高级形态、从无序到有序状态都不可或缺的基本构件。一方面，基本要素源自归档体系的固有组成，如归档情境、主体、对象、目标、流程、结果等。另一方面，依托网络空间提供的信息情境，这些要素得到扩充与标识。由此，基于对现有网络信息参与式归档实践的解析，结合前文的概念基础与设计原则，将其基本要素设定为以下几种。

6.2.1 多重背景的归档情境

归档情景是归档活动所处的社会背景，是影响着谁来归档或谁参与归档、归档什么、为何归档、如何归档的综合环境要素，包括：①司法与行政管理背景，即信息、信息形成者、信息形成平台、信息归档管理利益相关方等所遵循的法律制度体系与组织架构。例如，当前我国境内的网络信息归档要遵守的政策法规包括《中华人民共和国民法典》《中华人民共和国网络安全法》《中华人民共和国档案法》等，所涉及的监管部门包括国家数据局、网信办、数据管理机构、国家档案局、国家图书馆等。②来源背景，即信息形成者的性质。例如，机构形成者要确认其使命及授权、结构和职能，个人形成者要明晰其作为社会人的基本信息、归档信息素养、资源、信息行为等。③程序背景，即信息创建、传播和留痕的活动及其具体流程。例如，信息编辑版本的过程说明、传播的路径要求等。④记录背景，即信息同其他信息之间的相互关系或自身的内部结构。这在网络空间中一方面体现为信息通过不同要素（如背景、内容、形式）同其他信息产生的有机联系；另一方面表现为信息每一要素的自我表达，如形成的平台、形成者、内容主题、形式、传播链等。⑤技术背景，即信息形成与传播空间的技术要素。网络空间中，这些内容由信息形成与传播的平台、工具、基础设施、用户设置等决定。

6.2.2 多元定位与关联的归档主体

在网络空间中，归档主体是基数广大且互有关联的信息活动者，归档主体基于职责、目标以及能力发现归档需求，深化对信息形成情况、价值以及特征的认识，从而建立对网络信息归档行动的基本认知，进而明确归档目标与方案，形成归档机制。

归档主体主要包括但不限于：①信息形成者。网络空间中的信息形成者往往是非单一且立体的。信息由网络用户基于社交或内容兴趣形成、传播和利用，在此过程中，用户身份在形成者、传播者、利用者之间相互转变，且网络用户从整体上对信息拥有部分的所有权和管理权。②传统的记忆机构如档案馆、图书馆、博物馆等，是具有专业能力与配套资源的信息保管者。相比于多数形式的信息行为，如政府办公信息要经过形成机构归档移交至档案馆，网络信息更多由记忆机构直接捕获，这被视作另一种界定的归档行为。③网络空间的平台服务提供商。他们在信息形成之前已经提供了归档的基础设施、制度与功能。④较具社会记忆建构意识、能力或市场开发需求的社会第三方，如公益组织、学术团体、商业机构等。⑤政策法规制定者。他们以政府、权力机关、司法机关等形态为归档确定并提供规则。⑥利用者。他们在信息需求的驱动或利用经验的支持下反转角色，帮助留存所需信息并贡献于信息资源的有序化建设。

6.2.3 多样化的归档网络信息对象

归档信息的来源不仅是归档的作用对象，也将反作用于归档主体。形成者、传播者以及所属社会活动的差异，导致记录群体和深度的不同。这影响着信息形成的基本情况如数量、形式、内容等，体现了不同价值与特征，从而要求归档主体具体判定归档的必要性、程度、所需资源和具体方案。较为重要的是，为了充分认识归档信息对象，需要展开相对全面的调查，帮助梳理和完善信息所映射的社会活动的主要脉络和维度，并为从背景层理解信息以及信息所拥有的关联提供基础。

如前文所述，网络空间中归档的信息对象从背景、形式、内容三大要素大大拓展乃至新建了对人类世界的映射。随着数字基础设施的持续建设，网络空间将向着无所不包的目标行进，其信息覆盖度高、形式多样性、背景繁杂化等特质也将进一步深化。

6.2.4 技术制度并重的归档保障

一是制度，它是用以全程指导与落实归档方案的具体支持。制度广义上包含所有用来指导归档的规则集合，帮助形成归档方案。网络信息往往具有明显的跨背景、动态形成与涉及多类共同形成者的特征，信息边界与权责难以简单划分，因而归档的全方位指导不可缺失。一方面，为归档明确必要性和规避各类行动风险提供合规依据，如信息所有权、利用权、隐私、知识产权等。另一方面，是归档的行动指导。从理论基础、方法、原则、规范等层面落实归档行动的整体模式、流程与活动细节。

二是技术，它是用以落实归档方案的关键辅助。网络信息归档从方案到落实，必须有技术的配套使用，从捕获到开发利用的全流程均需技术支持。归档主体既可根据需求自主开发，也可向专业领域寻求"外包"支持或改造共享开放的技术。例如，IIPC现有工具集合中已有近百个归档工具，这些工具就是通过自主开发、开源改良、外包等方式共同形成的。

6.2.5 面向过程的归档方案

面向过程的归档方案是目标导向下用以指导归档主体开展归档过程性活动的细化依据，要落实捕获、整合、保存、发布等环节的具体方案。

一方面，专业要求与流程须明确，如确认归档范围、捕获方式与频率、信息保存格式、质量标准等，主要是延续自官方或主流机构的归档传统与经验参考。需要说明的是，网络信息归档是将信息有序化的过程，包括组织、描述、鉴定等具体环节，且网络信息在多数情境中本就是开放的，因而保持合规的"线上可见"特质也是归档要保障的重要内容。同时，归档方案将随着实施情况和效果的反馈予以动态调整，并倒逼制度的建立健全与技术的优化完善。

另一方面，也要确认与理解实践中存在"不专业"的归档方案，这主要考虑到小型机构、群体与个人的难处。这些归档主体的归档方案，尽管在未来要逐渐优化，但依旧要关注到归档主体资源、精力、主观性、信息素养有限等问题的影响，难以要求他们形成并落实绝对完整、有序、专业的归档方案。因而，应识别并尊重其特点。例如，可弱化人工的捕获范围设定、鉴定活动以及后续的整合，允许临时性的"长久"保存等，由此形成简化的归档流程，但需要充分认识其不专业之处及局限。

6.2.6 多层次的归档结果

归档最后形成的结果包括：

一是网络档案库，即留存网络空间各项活动痕迹而成的信息资源集成。它的内容与形式直接反映了归档方案的实施成效。

二是网络档案产品与服务，是归档主体通过深层次开发，主动生产的"信息密度"更高的产品与服务。尤其是依托数据科学的思维与方法，可开发出形式多样的产品与服务，如各类数据库、工具等。

三是对其所在情境乃至网络空间全时空的立体映射。依据不同项目的归档范围与程度，这些主体及其活动将网络空间"雕刻"为未来可回溯的历史沉淀，是网络空间留存与删除相互作用的结果，是人类文明的存储记忆源之一。

6.3 促进要素互动的自组织和社会治理双线融合要点

从网络空间建构的"第一步"开始，只要有信息行为主体与信息对象，归档要素就已然存在。网络空间建构的主要应用，即互联网得到普及后，信息的生成与传播从即时交流广泛地变为便利的档案化留痕，归档行动因利益相关者的自主发起和他方协作而日益发展。由此，网络空间中的各类归档要素经由自组织和社会治理的双线推进，实现要素间的相互反应与连接，从而形成各式各样的归档行动。

6.3.1 协作与冲突建构出的归档自组织

因信息归档管理现实需求多样而形成不同范畴、形式、程度的自组织归档行为。具体来说，网络空间成为社会重要的现实活动基地或工具，留痕式的信息是核心的活动媒介与结果。无论是立足当下的维护还是面向未来的连续性传承，信息作为证据、记忆与资产带来的资源效力可被识别，信息无序管理造成的负面影响亦会被发现，信息的归档管理会成为日趋广泛的生产与生活行为。无论是个体最低级形态的自组织，还是融合于组织机构、群体乃至更大系统的自组织，都会"趋利避害"以实现向更高级社会形态的迈进，并在此进程中逐步向社会扩散。那么，自组织如何实现潜在的归档要素向实践的聚合？

这主要依托于自组织中不同要素之间、行为主体之间、不同系统之间协作而冲突的关系：①不同要素之间以归档主体为中心节点，这是由于正向匹配或反向触发的关系都会促进不同归档主体自主发起归档流程。正向匹配包括由归档环境提供的充足的软硬件基础设施，如档案素养作为文化基因得到普及与传承、归档信息对象的价值显著或易于管理、归档方案成熟、归档保障齐全、部分主体的归档成果形成示范效应、个人探索性归档成果有良好成效等。基于此，归档主体就会主动去关注、落实、优化归档行为。反向触发主要是环境配置不足、归档信息对象混杂，导致社会活动不便甚至权益受损，或者归档保障不足造成行动失效等，从而推动归档主体探索行动方案并展开具体行动。由此，无论是何种关系，这些要素都会产生相互作用，从而形成一个个归档自组织单元。②同一或相近背景的归档行为主体之间，由于立场、目标、资源、意识、能力等方面的同质程度不同，有着可相连的归档行动。这往往由信息共同的形成者、传播者、利用者等主体基于社会或内容网络产生的信息关联而驱动。因而，在归档信息的过程中，无论是出于分解归档任务的需求，还是由于对信息有着无法割裂的权责，他们都要共同组建出小的跨主体的归档自组织。在此过程中，相近或相异的归档环境、方案、保障、目标等会产生协作需要或冲突问题，从而在相互合作与竞争中形成适合跨主体的归档系统。③从网络空间整体来看，不同层级、范畴与性质的归档自组织对应于人类世界的强、弱关联，仍可形成一个整体的有机关联系统。由主体或社会活动之间的有机联系而连接出的小系统，同样基于协作与冲突，关联为复杂系统的归档自组织，实现机制更加繁杂的归档行动。

6.3.2 社会治理推动建成归档引导体系

在网络空间归档行动不多、专业度不足、待协调事项多的情况下，他组织的介入也极为必要。社会治理模式与网络空间参与式归档的顶层引领相融合，由此形成归档引导体系。社会治理面向各类归档要素需要实现的是设计全局集成机制，规范各要素，其主要的实现过程是由社会治理中的不同力量发挥全方位、全过程的引导作用：

首先，优化环境要素，促进各类主体有意愿、有能力参与网络空间的归档行动。一方面，确立网络空间有序归档的政策环境，这主要依赖于政策法规制定者的关注以及投入。例如，《中华人民共和国网络安全法》《中华人民共和国个人信息保护法》对信息管理的界定与统筹，将从信息安全防护拓展至信息生命周期，且将信息范畴从个人隐私类信息延伸至更为丰富的行为与活动记录。另一方面，加强档案素养与数据素养培育，建设普适化的归档文化环境。由此，从社会层面提升信息自主与协作归档的意识、能力、行动力，为网络空间归档活动成为日常信息活动的一部分奠定认知与能力基础。

其次，为归档全要素的确立提供完整的专业参照，即自组织明确"如何做"的引导。这需要政策法规制定者、记忆机构（如档案馆与图书馆、学术机构、第三方社会组织）同归档主体不同层次的自组织实现充分对照。由此，可以从信息对象的界定、归档环境的专业设定、归档方案的"自动化"培训、归档保障的权责协调、归档结果的优质示范等方面提供行动参照，从而简化不同自组织归档工作量，例如配套管理指南或简易工具等。

最后，对不同系统间、各系统内的归档行动进行具有部分监督性质的协调。一方面，政策法规制定者与记忆机构可以以法定规则为依据，对不同主体的归档行动进行合法合规的质量评测，例如评估平台的制度与功能是否达到归档要求。同时，在产生归档冲突现象时，有资质的第三方机构可以提供评估意见。另一方面，作为国家法定的人类信息资源长期存取基地的记忆机构，应实施批量归档行动，协调部分归档发起者或主导者，使其在条件受限时让渡归档权。

6.4 纷繁的归档系统：持续拓展可能性的参与式归档行动

在自组织与社会治理双线融合推进下，网络空间的各归档要素得以互动，参与特质得以凸显，由此网络空间中展开了无限可能的行动，形成了代表着不同形式、层级、形态、内涵的归档系统，并面向未来持续"生长"。这些纷繁的归档系统相对独立又可连接，结合发展进程，各归档主体的参与行动可列举为如下几种。

6.4.1 信息形成者：从无意识趋向自主

信息形成者在网络空间中主要分为两类：组织机构类与群体个人类。

对组织机构类的信息形成者而言，网络空间所形成的信息是某种或某几种数字文件，其归档行动要遵循已有的制度框架。依据不同类别的网络信息，对应归档难度、自身的能力、现有保障，不同层级的归档行动表现为：①组织机构往往将自主管控的网络平台形成的信息纳入已有的数字文件档案管理体系中，从制定制度、开发系统到实施具体行为都要全过程自主落实。较低层级的是部分滞后的归档，如小型企业受限于档案意识与能力，仅能做出被动行为或依赖网络平台管理信息。较高层级的则是从方法、配套资源、流程上都有相对系统的归档行动，例如我国"互联网+政务"平台上的信息就依据平台特点建立了以"事由观"为中心的预归档全流程行动机制。②对使用第三方平台（如商业机构的云服务）但自主开发网络应用形成信息的组织机构而言，较低层级的归档行动完全取决于第三方平台，较高层级的则是在购买服务之前将归档要求嵌入服务协议，明确归档权、归档信息要求、归档技术与功能配置等，做到"半自主"的归档。③在完全由第三方平台决定信息形成流程的情况下，如当前各组织机构使用社交媒体，信息归档行为表现包括：A. 较低级的信息形成者认为社交媒体平台本身就是可靠的保存空间，将平台的保管视作"归档"行为；B. 稍有意识的信息形成者趋向将所形成的信息进行表面的固化，如以截图、打印等形式保存；C. 也有信息形成者使用平台或第三方提供的工具直接归档所形成的信息；D. 较高层级的是同平台形成专属协议，确保从信息形成之时就已确立专业的归档要求，如对信息所有权、移交流程、信息质量等均有相关规定，以及时将信息纳入可自主管控的归档范畴中。

在此语境中，群体与个人在网络空间中所形成的信息是指私人类的信息，主要用于展示与表达自我。其归档行为相对主观与随机，偏重于记忆与遗忘的博弈，不似组织机构有着规范的制度体系，要求必须归档和拥有严格的归档流程。无论是群体还是个人，他们较多地依托非自建的平台形成信息，归档行动级别由低到高依次体现为：①认为信息仅服务于形成与传播之时，没有任何对传播之后的信息进行归档或处理的意识；②认为信息应当有一定程度的留存和处置，如依赖平台对信息进行整理、鉴定、保存，但信息仍留存于平台，或采用截图、打印等方式备份为另一种形态的信息；③使用平台或第三方提供的工具将信息捕获至自主的档案系统中，但行为随机，对于归档什么、何时归档等缺乏一致的规则；④有着明确的信息存档目标，如证据留存、记忆延续、自我认同构建、保护资产等，借助自动化或半自动化工具为归档形成规范流程，由较完整的规则提供归档行为的全方面确认，能及时将问题与需求反馈至平台，并跨平台做好全面的信息归档。

网络空间中主体边界因传播网络复杂化，群体个人类与组织机构类的形成者往往会共同形成信息，个人与群体相辅相成，传播者也在信息贡献中成为形成者。因而，归档行为从另一角度来看表现为：个体各自对所形成的信息进行归档，例如英国国家档案馆只捕获政府机构账户发布的主体信息，评论与转发并不涉及其中；在信息共同形成的语境下，个体所形成的信息是组成整体内容与结构的信息，在不侵犯信息权、隐私权、知识产权的前提下，无论是个体归档整体信息还是协作归档实现共享都是存在的。

6.4.2 记忆机构：由行动替代到全景统筹

长久以来，以档案馆与图书馆为代表的记忆机构是归档网络信息的重要力

量。面向网络空间归档,它们的行动可显示为:

(1) 为留存官方活动的证据与记忆,一方面为官方机构提供网络信息归档的专业制度依据,如我国国家档案局发布了《政府网页归档指南》;另一方面直接实施归档行动捕获信息并进行资源的有序化整合,如英国国家档案馆的网站与社交媒体档案库。

(2) 面向社会范围进行网络信息采集等一系列归档行动,是从社会全景文明的角度留存信息遗产,如美国国会图书馆的 Twitter 档案项目。

(3) 为社会提供一定的网络信息归档指导或工具服务,但这只是不定期开展的小部分业务内容,如多国图书馆、档案馆等发布了个人网页、社交媒体等类型的网络档案管理指导性文件。

(4) 不再局限于行动替代,而是拓展辅助社会的职能,推动信息管理成为社会生产与生活的重要活动。记忆机构作为引领者统筹网络空间中各利益相关者的归档管理能力培育、制度建设、工具开发、参与式归档行动协调等活动。同时,还可作为权威的第三方,提供归档信息交换与共享、市场性托管、管理咨询、工具出售等多方服务。

6.4.3 网络平台:档案管理属性逐步凸显

网络平台作为信息形成平台,涵盖基础设施、软件应用、制度与功能引导等方面的归档行动,拥有部分信息的管理权和所有权,且有着较大的话语权优势。但网络平台提供的支持不尽一致,依据档案管理属性的显性程度可划分为以下四类:

(1) 从业务设计与技术配置思路出发,围绕宽泛的隐私、知识产权等信息保护视角,将信息作为附属品建立管理与存储的制度、功能、资源方案,如社交媒体平台有着收藏、聊天记录迁移、归档保存等功能,但不完全符合真实性、完整性、有效性、安全性的档案管理专业要求。

(2) 为优化服务与提升合规性,平台根据用户需求提供定向的配置性归档行动,如与官方机构、记忆机构签订协议,明确归档要求、开放端口配置、依照既定协议移交应归档的信息,如美国 NARA 要求开设账户前同目标社交媒体平台签订合同;又如我国国家图书馆同新浪微博形成合作协议以获取其公开博文。

(3) 平台同专业主体(如记忆机构或学术机构)达成协作,将信息管理作为重要模块,明确提出归档要求,并将专业要求体现在制度、功能与平台架构中。

（4）平台强化社会意识，并成为信息管理、档案管理共同体中的一员，参与制度建设，从平台角度反馈要求与经验。同时，以开放的态度面向未来，就归档各利益相关的总体需求匹配、跨情境的归档信息资源共建共享、技术共享等达成一致并落实于平台建设。

6.4.4 社会第三方：多元化多层次行动

由社会第三方开展的网络空间归档已有长久的探索，甚至有着比其他主体更丰硕的成果。澳大利亚图书馆就指出 PANDORA 项目同 Internet Archive 相比，所捕获资源的规模从内容覆盖度到时间连续性上都有较大差距[①]。社会第三方的归档主要体现为两大不同层次的行动：

一是出于留存人类共同信息遗产的目标，社会第三方自建平台归档网络信息，成为资源的存取基地。在这样的情况下，社会第三方往往需要其他组织机构提供资金以支持维护运作，或其本身就是商业机构，能将归档网络信息视作市场行为进行商业推广。由此，在合法合规的前提下，归档哪些信息、如何归档、归档后的信息如何存取都由社会第三方自主确定。例如，在新冠肺炎疫情的网络信息存档中，许多大学就曾捕获大量社会媒体信息，用以记录大学及其所在社区如何应对危机。

二是为社会归档网络信息提供智力支持。这可以是关于怎么做的原则普及，或参与规则制定，也可是直接开发技术工具和制度方案并自主决定是否有偿共享。通过这种方式，各学科的专家依托信息、法律、传播、社会学等领域的学术机构钻研网络信息归档，共享学术见解与项目成果，形成许多见解基础，甚至直接性的参考方案。

同时，这两方面的行动亦有结合。这是由于归档信息的过程往往也是再造流程与开发技术的过程。Internet Archive 就是其中代表，它既归档了大量网络信息，也共享了 Wayback Machine、Archive-It 等工具，更提供了有偿的技术共享或归档服务。

---

① CROOK E. Web archiving in a Web 2.0 world [J]. The Electronic Library, 2009, 27 (5): 831-836.

6.4.5 政策法规制定者：从宽泛到专属

政策法规制定者的参与是社会广泛认识和理解网络空间有必要归档与如何归档的重要依据。

一是关注信息前端传播和后端安全两大方面的要求，由此确定相对宽泛或有所偏重的信息管理要求，对信息归档有一定的参考价值。当下的网络安全、各类型网络服务规范、个人隐私保护等方面的有关规定就是这种要求的表现。

二是随着信息价值的时间连续性被识别，归档被视作重要管理活动，政策法规制定是必要手段。政策法规用以解释归档内涵、目标、具体活动及其对应要求、不同利益相关者的权责等，成为归档的制度与技术依据。由此，政策法规制定者帮助明确谁可以对哪些信息进行怎样的归档，哪些信息不归档、由谁处置与如何处置，各主体之间如何共享归档行动以及区分归档行动的边界是什么等内容。

6.4.6 社会利用者：需求反馈至众包

社会利用者是归档目标的考量因素，也是归档结果的服务对象之一。他们为了获取更精准、更全面的优质归档信息，同样会成为归档的行动者。

一方面，社会利用者会通过利用行为来反馈归档信息需求、归档信息的资源建设形态、归档信息的存取方式等。随之，促进其他主体分析归档行动并做出适当的调整。

另一方面，众包从历史档案资源的开发拓展至网络空间的原生数据，流程上更是将档案行为延伸至前端。社会利用者通过其能力专长、精力以及资源帮助不同的归档主体归档信息。例如，Internet Archive 平台上的用户可以使用各类资源开展基础工作，归档部分信息，也可以依据 Internet Archive 发布的热点专题补充上传、整理、著录相关信息。

6.5　行动的关联结果：网络空间参与式归档建构的全景档案世界

一是面向不同信息对象与目标，不同主体立足各自环境在自有系统内展开归档行动并各成中心；二是各要素不是孤立存在于某个系统，而是不同系统连接的节点；三是各系统由于要素表现不同和所处发展进程不同而有区别。由此，由不同主体发出的归档行动，基于时空不同要素的连接结果有如下几种。

6.5.1　基础：多元生长的自主构件

各类个体式的归档行动，对应形成的是独立自主的归档构件，这些构件是网络空间参与式归档这一整体复杂系统的基础组成。

首先，在互联网的时空框架下，无论时间持续性如何，任何空间中再细碎的归档行动都可视作整个网络空间的归档构件，是网络空间归档的基础性参与内容。换言之，构件各有形态、各有功能，即使没有完整的归档流程，未实现对信息的完全归档，归档行动不连续，归档要求未全面达成，依然可视作低层级的构件。即使低级而无序，只要归档行为存在就有规范与引导的可能，从低级走向高级、无序走向有序、分散走向集成。例如，网络平台用户反馈信息管理需求、信息形成者收藏信息、记忆机构提供即时的归档咨询等一次性行为，都是归档行动的表现，这些表现也都是归档系统最基础的构件。

其次，这些构件本身具有自主性。在参与式归档的语境中，各归档构件尽管围绕信息主体、对象、目标等要素相互关联，但保持独立既是前提，也是结果。无论他组织如何介入，内在驱动不同主体面向网络空间发起归档行动才是最根本的，归档出发点、决策、过程、行动程度等都有充分的自主特征。例如，在个人形成者归档信息的场景中，即使平台未能提供功能与技术配置的辅助，个人依旧可以通过自主著录来完成自己的归档目标。尽管这会增加一定的工作量，但本质上显示出，即使相互关联，归档构件也不会完全受限于相关联的其他归档构件。

最后，这些构件是处于生长进程中的。任何构件都不是毫无变化的，归档情境、主体、对象、保障、方案、结果等是动态变化且相互影响的，它们在实践中不断变换内涵与形态，如记忆机构的归档行动会拓展信息范畴，也会将职能拓展为归档的引导员。同时，这种生长也可能停止，如某一类型归档行动终止。又如，记忆机构可能不再做网络信息归档的执行者，而是通过逻辑管控和智力辅助，推进全员的网络空间归档。

6.5.2 叠加：连接流动的复杂系统

在各式参与行动自成归档构件的基础上，这些构件关联生长为归档要素完整的系统，这个系统本质上就是各要素连通、互动、共同成长的个体空间。这些系统又在时空交错中连接、协作、冲突，从而形成不同时空下的网络空间整体的归档复杂系统。

一方面，不同归档主体通过归档行动的连续性累积形成自有定位的归档系统，在此过程中，系统构件建立连接。这既来源于归档行动作为构件，通过连续性累积，实现内部的时空建构，也在于归档行动以开放与协作为准则，导入其他归档构件的外部力量，由此形成相对完整的归档系统。例如，政府机构的网络信息归档可自主发起并形成体系化的流程与配套保障，但有效引入记忆机构专业指导、政策法规制定者规则示范、平台配合与社会第三方工具辅助等支持后，政府机构可以形成自主网络档案空间。在这样的情境下，各归档主体的自主档案空间指归档及其行动尽管受其他方影响，但在遵从社会规则的前提下，各归档主体依然保有归档的决策权与行动力。

另一方面，在网络空间开放的基本原则下，归档系统将会产生流动。分解归档构件以及更细碎的归档要素，为各归档系统实现对话提供了颗粒度基础。互信、互联、互通的归档架构能够让不同归档系统就归档内容、归档主体等问题展开对话并贡献行动。因而，从横向来看，任何归档任务都可以连接不同的归档系统共同完成。例如，重大社会事件网络信息归档时，从留存国家信息资源的角度来看，形成者的信息权益让渡、政策法规制定者的权责界定、记忆机构的行动主导、社会第三方的工作量分解等工作均不可或缺，这是不同归档系统的连接。

基于这样的连接、流动以及相互的能量赋予，网络空间中分散各处的信息得到发现、价值判断、归档与处置，由此构建出归档认知、立场、方法、资源、具体行动相互协作与冲突，进程不一而叠加的网络空间参与式归档系统。换言之，这一过程即是一个由归档要素生成构件、构件组建系统、系统连接为大系统、大系统组合为整体复杂系统的不断成长的路径，在这个路径中实践级别不断提升，无序的各自行动逐渐向有序结合。

6.5.3 建构：对照社会的有机模块

连接的机制不仅贯穿于归档复杂系统中，也与建构社会联动，由此成为对照社会的有机模块。

一方面，大基数的、多主体协作的参与式归档为社会提供了前所未有的信息存储映射机制。档案馆、图书馆、艺术馆等机构长期以来被视作人类世界中的"奢侈存在"，即保存着大量"可能不被使用"的信息。但随着网络空间日益壮大且正在加速度生成几何级的信息量，这种维系人类文明资料的做法难以持续。尽管数据保存与开发技术不断发展，但相比于数据形成与传播端的表现，归档管理的滞后性依旧存在，甚至逐渐拉大鸿沟。在此背景下，网络空间参与式归档一旦整体建成，信息的各利益相关者将用归档行动相互消解繁杂的归档工作量。由此，人类面向网络空间实现了突破，即通过"万众"参与、去中心化的方式，以虚拟连接的形态集成归档了前所未有的信息体量。

另一方面，对照社会不同情境的需要，归档复杂系统所形成的可连接、可挖掘的有序化信息资源可实现全方位、精准的功能利用。一方面，归档过程本就是理解信息并且形成深度整合资源的过程。另一方面，在归档要素向不断演化的整体复杂系统构建的过程中，数据技术的持续发展以及归档复杂系统本身的"智能演练"都将促进信息的智能化。因此，"智慧化"的信息将逐步实现自动归位，即明确是否应当被归档、需求何在、可怎样匹配需求、以怎样的方式在何时何处被利用等。在这样的发展趋向下，归档信息就可同社会需求多维度、多层次对接。

6.5.4 集成：全景显示的档案世界

如若作为复杂系统的网络空间参与式归档全面建成，将推进归档事务同社会活动、归档成果、人类世界的结合，档案世界将从当前重要但处于边缘的分支系统走向另一种主流，在人类世界中嵌入可全景显示的档案生态。

一方面，内含"档案化"特质的归档与网络空间的运行机制全面融合，归档甚至拓展为显性的档案化，且突破网络空间，影响人类所处时空整体的运行。如同前文所述，这意味着归档在一定程度上不是去割裂信息之间的时空，而是作为社会活动，被设定为非线性、难分流程边界的"档案化"活动，且自然融合在社会活动中。例如，信息留痕作为网络空间中的社会活动，本身就是档案固化的即时行为，归档就要同步在其中，以需求的方式嵌入网络空间的技术、制度和资源配置。

同时，数字技术和数据的普及，使数字转型成为显著的"不显著"现象。换言之，它不再是创新、独特或是变革生活的，而是世俗常态。互联网将与社会结构紧密结合，网络空间与现实世界不再分离[①]。因此，当线上线下界限模糊，无论是学习、工作还是日常生活，网络空间无处不在的归档会影响更多主体的档案观，使其关注信息的档案化管理，并同步行动于网络空间，甚至应用于其他环境中形成的信息。各种环境的边界将在逻辑或概念上趋于融合，尽管信息"实体"来源于不同环境，但不再区分其是否来自数字世界，而是面向整个人类世界。

另一方面，网络空间归档参与者的档案空间建成，将同现有的社交媒体一样可自主、可连接。换言之，每个个体都能构建其档案空间，在这个空间中，归档主体拥有相应的归档信息或归档信息结果、归档情境、归档认知与能力等，用以反映归档主体与世界的相互关系。但个人的档案空间并不只是一个存取空间，而是面向网络空间的归档活动空间，相互之间可实现不同程度的共建、共享、共治。例如，就信息对象而言，分散保存信息的前提是可以实现互通，通过技术手段将分散保存的信息进行虚拟整合，从整体上呈现为一个个体的档案空间。为了便利，分散保存于各处的信息无需物理整合在同一存储空间中，而是通过与平台的协议以及平台设计达成这样一种构想：一方面，对应个体在网络空间中一致而单独的身份，各处平台存储的信息可依据技术手段在需要的时候通过每个存储空间的接口实现信息的互通、整合、管理与利用，这可以仅在逻辑层面实现；另一方面，各平台能够提供信息的迁移、下载服务，无论是在权限还是格式上都支持相对通用的信息整合，至少是非排他性的存储，在物理层面实现跨情境、跨内容、跨形式的众多个体归档结果的数据聚合。

---

① COUNCIL OF CANADIAN ACADEMIES. Leading in the digital world：Opportunities for Canada's memory institutions [R]. Ottawa：Council of Canadian Academies，2015.

第7章　技术赋能：网络空间参与式归档的实现构想

技术在网络空间参与式归档中的重要性已得到显著识别，但由前文对实践现状的梳理与分析可发现，技术层面的投入有待加强。因此，需要对照网络空间参与式归档通用框架，从技术层设计适用于具体情境的落实性方案。在技术多元、变化快速，且每种技术的应用都可作为研究专题的情况下，相比于讨论"如何使用技术"的细化方案，更可行的研究策略是确认网络空间参与式归档的技术需求重点、选定可用的技术、明确技术应用基本要求。这也是明晰网络空间参与式归档如何实现以及如何通过技术表达的过程，促进理论与方法扩充为策略层的构想，为长远未来的实践方案设计提供指导。

为实现技术视角下网络空间参与式归档的构想，本书从四个方面展开：①以此前所解析的技术维度的归档挑战为基础，明确技术在标准与方案、基础设施、自动化程度三方面的不足，由此可确定网络空间参与式归档需要通过技术来解决的重点问题及应对方向；②对接网络空间参与式归档的核心概念与通用框架，进一步确认技术应用需求；③盘查数字技术，比照网络空间参与式归档的重点需求，初选匹配度较高的技术；④通过访谈，向计算机科学领域的专家征询意见，在技术的选取和基本方法的使用上形成基本构想。

需要说明的是，一方面，所选的技术主要是满足"参与式"的特质与要求，社交媒体数据的组织、挖掘等通用的归档需求不在探讨范畴。另一方面，需求之间、技术之间的边界并非绝对，一种需求可能需要多种技术来解决，一种技术可能满足多种需求的不同方面。由此，研究形成了面向不同需求由不同技术的应用构想所组成的总体策略。

7.1 云计算的应用构想

7.1.1 面向云计算的参与式归档技术需求分析

对于网络空间参与式归档，提供存储与管理支持的可靠保管空间是技术层面的必要组成。

第一，从保管空间来看，便利性的要求显著。在网络空间参与式归档的理想实践中，个人网络用户作为最大基数的归档主体缺乏充分的资源和归档能力。因而，需要做到的是：①形成者可从外界获取归档信息的统一保管空间，且这一保管空间有着方便的获取通道与方式；②保管空间不仅有物理基础设施的支持，亦可提供归档、保管、开发利用等全流程的功能支持；③归档主体对保管空间有着归档管理的自主权，可依据自身具体要求设定基础设施、软件、应用。

第二，由于要为归档主体构建可集成的档案空间，保管空间需具备强大的兼容性来满足要素各异的、情境多元的归档管理需求，因而：①归档主体所需基础设施与技术应用或程序要具有较强的可扩展性，能随归档主体的作用范围、具体对象、管理要求实践持续调整与扩充配置；②在归档主体所获取的保管空间或服务中，对应的制度能及时根据信息背景、形式、内容等做适应性变化。

第三，归档主体之间并非孤立，而是要形成边界明晰的连通机制，这意味着对归档主体保管空间的通用性要求较高：①针对单一归档主体而言，内部的管理空间要形成可跨背景、形式与内容的集成化管理设施与功能；②不同归档主体之间的信息、功能等可进行连接，从而形成更大单元的信息网络与联合体；③在有确定边界，如利用权限的前提下，归档主体所形成的档案空间应有便利的开放连接通道。

7.1.2 云计算的基本概览

面向上述需求，云计算可为大基数、个性化、有待关联的保管主体提供从基础设施到应用的便利支持。云计算将软件、硬件、数据等计算资源从本地迁移至云端，用户可随时随地通过成本较低的客户端连接到处于云端的功能强大的软件、硬件和数据资源，其主要目的是实现客户端计算成本的最小化和云端利益的最大化，从而提高 IT 服务商的核心竞争力[1]。云计算的特点为：①容量与规模较大，拥有较多服务器，具备强大的存储与计算能力。②线上连接，支持用户通过各类终端跨时空获取服务。③通用性强，面向各种需求可同时提供运行支持，可按需配置、获取与购买。④数据共享便利，方便不同设备、不同空间、线上线下的数据流通与应用共享。⑤可扩展性高，其规模与功能可根据互联网环境、现实背景以及用户规模与需求及时调整变化[2]。

云计算可提供的服务主要为三种：基础设施即服务（IaaS）模式，将网络资源、存储资源和服务器资源等基础设施作为一种服务资源向外发布；平台即服务（PaaS）模式，是为信息管理应用系统提供运行所必需的软件平台资源，包括操作系统平台、软件开发环境、各类数据存储环境等，信息管理应用可以基于平台服务所提供的服务接口进行开发或部署；软件即服务（SaaS）模式，是通过对信息管理应用进行整合，以服务的形式向用户提供各种信息管理应用，终端用户不仅可以使用信息资源，还可以直接通过网络或接口使用信息管理应用服务[3]。

7.1.3 云计算的应用策略

由此，结合云计算的内涵与形态，依照网络空间参与式归档的理论设计与具体实践需求，云计算在网络空间参与式归档的应用可布局在如下方面：

第一，立足广泛的主体参与扩展归档管理功能：①在 IaaS 模式中，当前针对机构用户的配置相对完善，但在网络空间参与式归档的驱动下，应依据群体与个人等非机构类用户的多元需求提供更透明的服务，根据归档管理的市场需求设定多重方案。②PaaS 模式的扩充空间同样应面向群体与个人等非机构类用户，依据群体与个人用户的归档管理特性，主动开发可合规对接网络平台以及第三方服务机构的功能。③在 SaaS 模式中，依照 InterPARES 在世界范围内的调查（包括中国组），当前欠缺完备的信息归档管理功能，如有效的信息整合、鉴定、处置、长久保存支持功能等。这意味着，这一模式中的信息管

---

[1] 朝乐门. 云计算环境下的电子文件迁移模型研究 [J]. 档案学通讯，2013（1）：53—56.
[2] 仉伟，郭洪远. 云计算的特点和应用展望 [J]. 数字技术与应用，2011（4）：168.
[3] 牛力，韩小汀. 云计算环境下的档案信息资源整合与服务模式研究 [J]. 档案学研究，2013（5）：26—29.

理功能要整体优化，需要对照信息归档管理的要求确定规范并将其落实于技术层。同时，当前的信息管理功能主要以存储为中心，尤其是针对上述非机构类用户，有待在隐私与安全、信息鉴定、处置权限设定、信息组织与长久保存方面配置更系统的功能，且需在技术架构上加强用户引导与智能化辅助。

第二，立足网络空间扩充功能。当前，云计算所提供的服务在信息管理功能上主要覆盖以下三类信息：①用户为便利存取迁移至云服务中的信息；②基于所购买服务自主开发的信息管理系统形成的信息；③云服务所提供软件生成的信息。用户在其他网络平台上所形成的信息涉及较少。于网络空间参与式归档而言，云计算的应用需特别注意：①网络空间参与式归档的多元情境大大提升了云服务直接用于线上存取以及归档管理网络信息的需求。这意味着云服务要实现与用户以及用户所形成的各类信息的网络平台对接，云计算的功能要面向不同平台的属性、信息结果来设计具体的制度要求与技术功能。例如，针对不同平台以及应用的 API，设计不同用户的定制化信息捕获工具。②云计算同样要做到对不同平台的信息进行跨背景、形式、内容的整体管理，这进一步要求其信息归档管理功能的优化拓展，将应用情境延伸向复杂的网络传播空间。③云计算应该根据网络空间参与式归档的框架形成更开放与连接的机制，配套相应的基础设施与功能。网络空间参与式归档虽然预设不同主体的自主性，但自组织的协作是前提。这意味着，信息需要实现一定程度的开放与连接，因此要求云计算能在机制与功能上配置开放以及确认开放程度的"选项"，从而为不同主体的协作提供设施与技术辅助。

第三，面向多元归档主体实行产品化扩张。云计算在机构类用户中的应用较具规模，且提供的各类服务模式均不同程度匹配用户需求。于非机构类用户而言，云计算主要用于拓展线下存储空间和实现便利的线上利用，其规模相比网民数量小。例如，我国 2020 年个人网盘（云计算个人服务）有 1.07 亿的用户规模，不到网民数量（9 亿）的 15%。为充分支持网络空间参与式归档，尤其是对缺乏资源与能力的大基数个人与群体用户而言，云计算应实现产业化升级与市场开拓，从基础设施、归档管理功能等不同层面提供有效辅助。进一步说，针对多元主体的产品化扩张，较大程度上直指深挖非机构类用户的需求，以扩充市场空间，这需要为云计算做好用户需求分析，展开系统的市场调研与产品测试。

7.2 区块链的应用构想

7.2.1 面向区块链的参与式归档技术需求分析

网络空间参与式归档的又一要点在于泛在基础设施的充分供应——可帮助归档主体的个体空间建设和全景连接，这对技术维度的要求如下：

第一，个体档案空间是归档参与者自主行动的关键。除了具备基础设施与功能支持，个体档案空间可以实现自组织的独立性。换言之，组织架构、运行机制、管理制度和技术设定上均有系统设计与配置；门户或后台资源管理也并非单一或孤立，而是立足信息全流程的多主体归档管理。

第二，个体档案空间可以实现自主或更智能的归档管理。它既能由归档主体或相关责任者人工管理，又能提供自动化辅助。

第三，对于泛在基础设施最关键的需求是个体档案空间可以实现自组织前提下的协同管理，以适应信息形成、传播、管理以及利用，从而满足协同对象的需求，因而：①个体档案空间在制度保障与指导的范畴内可实现开放与自主连通，在符合法理与伦理要求的前提下，以信息为载体呈现人、事、物之间的庞杂连接；②个体档案空间的连通是多层级与多维度的，而非单一连接；③信息以及信息管理的痕迹可以得到有效记录，确保信息利益相关者的归档管理角色及其具体行为得到留痕与计算，归档管理的权责由此明晰，规范落实于行动、评估与反馈；④泛在的归档管理中，信息的真实可靠性可不依赖单一且集中的机制维护，而是由去中心化的自组织实现协同维护。

7.2.2 区块链的基本概览

随着密码学民用化趋势显现与密码朋克（cypherpunk）运动兴起，非对称密码学、RSA 算法、梅克尔树、拜占庭将军问题、eCash 系统、ECC 算法、时间戳、Hashcash 算法、B-money、P2P 技术等一系列开创性发明或构想问世①。种种技术性的积累最终促使化名为 Satoshi Nakamoto（常见中文译名为"中本聪"）的极客于 2008 年发表了论文 Bitcoin：A Peer－to－Peer Electronic Cash System②（常见中文译名为《比特币：一种点对点式的电子货币系统》）。他于 2009 年将其中的理念付诸实践，标志着比特币及其支持架构诞生。虽然最初的论述中并未给予明确命名，但"区块链"（blockchain）这一专有名词逐渐形成并被广泛用于指代比特币的底层技术。近年来，关于区块链的研究与实践增加，其脱离于比特币的价值正受到瞩目。区块链的定义实际上并未达成统一，但总体上被视作"一个分布式记录数据库，或是关于所有在各参与方间执行并共享的交易、数字事件的公共总账"③。中国信息通信研究院发布的《区块链白皮书（2019 年）》将其界定为"一种由多方共同维护，使用密码学保证传输和访问安全，能够实现数据一致存储、难以篡改、防止抵赖的记账技术，也称为分布式账本技术"。

在具体运作中，区块链得到进一步阐释：这一体系中的每一节点都可发起"交易"，但同时需要将其广播至其他节点以验证有效性；数笔"交易"以区块形式存储，作为这一体系的基本单元，其所集合的数据中，除了"交易"的相关记录，还需保存前一区块对应的哈希值等数据，即以密码学的方式完成区块间的链接，实现信息校验；这一体系中的每一节点均具有打包区块的权利，基于某种共识机制，确定哪一区块能够被添加至前一区块之后。

区块链受到高度关注的原因在于其三大特性：一是去中心化。相较于传统的中心化系统，区块链体系中没有第三方信任机构的介入，各个网络节点共同享受权利、承担义务，利用数学方法使得相关机制能在互不信任的状态中运行，实质上创造了新形式的信任。二是数据不可篡改。在区块链体系中，可实施的数据操作仅为增加与查找，删除与修改受限。区块链所用的加密算法与共识机制使得删改数据所需成本极高、成功率极低（现有普通算力有限），因而可以有效避免篡改行为的发生。三是功能的可拓展与智能化，即区块链面向不同的业务场景，以信息为载体，实现多元化的社会功能，并立足不同社会活动开发对应功能，显现智能化趋势。自智能合约与区块链结合以来，其应用场景

---

① 王玮. 区块链技术回顾与展望[EB/OL]. （2017－05－19）[2023－03－29]. http://pic.huodongjia.com/ganhuodocs/2017－06－15/1497513853.16.pdf.
② NAKAMOTO S. Bitcoin：A Peer－to－Peer electronic cash system[EB/OL]（2020－11－03）[2020－11－30]. https://www.klausnordby.com/bitcoin/Bitcoin_Whitepaper_Document_HD.pdf.
③ MICHAEL C, NACHIAPPAN, PRADAN P, et al. Blockchain technology：beyond bitcoin[J]. Applied Innovation Review, 2016（2）：6－19.

从数字货币等金融领域逐步拓展至产品溯源、电子存证、数字身份、供应链管理等领域。

7.2.3 区块链的应用策略

因而，基于区块链的内涵与特性，对照网络空间参与式归档的理论设计与具体实践需求，区块链应用于网络空间参与式归档的设想为：

第一，区块链辅助网络空间参与式归档建立泛在的信息管理空间，从基础设施到具体功能提供全方位支持。具体来说：①就应用主体而言，为顺应区块链日益凸显的去中心化特性，应跳脱出集中与规模化机构主体，实现社会化规模的应用基数。②就应用对象而言，应当不限制信息的网络来源、形式、内容等，使所有在线生成的信息均可覆盖。③区块链提供的是集成空间，它能对接多元但标准化程度日益提升的 API 与云计算服务，并结合自身设施与功能，服务不同网络信息归档管理的利益相关者。④区块链的应用确保网络空间参与式归档的起点、过程、结构以及可生长性是社会化连接与流通的，即信息归档管理是协作的，其结果是实现合规且符合需求框架下的归档行动的共建共享。

第二，信息管理融合区块链功能机制的充分扩充。当前，区块链主要是提供验证机制与功能来保障信息真实性，但并不具有完整的信息管理功能。信息管理的充分扩充意味着区块链被赋予更多的管理机制与功能配置，这种完整性在内容上表现为：①区块链中嵌入信息全流程管理应用，拓展了区块链的信息操作功能，在信息形成、捕获、维护、鉴定、移交、处置、长期保存、开发利用等环节设置响应的功能，依托智能合约决策，完成具体的信息管理行动。②信息管理功能具有较强的开放性。立足多样化的网络空间参与式归档利益相关者的协作机制，依托区块链高度的协同特质，打造既有边界又互通的跨情境、形式与内容的信息归档管理网络，以保障信息的档案属性。③区块链的信息功能不仅在于技术，更在于系统的规则显性化。在网络空间参与式归档所在的档案社会化管理框架下，信息管理权责依托社会治理建构出的具体规则（政策法规、标准规范等），以细化需求的方式体现于区块链的功能设定中。

第三，就应用机制来看，区块链可为网络空间参与式归档提供体系化支持的原因在于：①网络空间参与式归档需要的是严密的权责设定、规则保障、需求体系，因而依托区块链落实需要多重保障。这包括：不同属性、不同来源的区块链基于联盟指导、行业规范、商业合作、社会协同等方式，提供标准化的服务体系；信息管理、信息技术等相关共同体，如记忆机构联盟、IT 标准化委员会、档案管理标准化委员会、国家档案局、国家数据局等,对网络信息归档管理提供系统指导、监督与咨询以及帮助确定技术要求。②对应于不同的信息归档主体,区块链的应用并非配置单一孤立的区块,而是空间化的技术设计——区块遍布于任一信息形成主体所在平台的传播网络,子区块又可虚拟连接至信息形成主体的集成信息空间以及对应的档案空间;获得区块的方式可以是用户申请,由社会提供可一一对照的总区块,然后由用户连接至不同网络平台提供的子区块。③区块链中的工作量计算机制,充分应用于信息的协同归档管理的权责设定与利益分配中。对照社会总体信息背景、形式与内容的梳理结果,获得基本的计算框架;借助智能化的信息追踪、信息传播、网络数据管理,实现可持续的计算。

7.3 人工智能的应用构想

7.3.1 面向人工智能的参与式归档技术需求分析

网络空间参与式归档的理论与方法框架将大基数的多元主体参与作为重要前提。然而,归档的复杂性对诸多归档主体而言是能力与资源的双重挑战,阻碍了参与式归档意识的形成与行动的开展。对此,直接对策是参与式归档的自动化与智能化:

第一,尽可能提升归档管理的智能化程度:①能够依据已经设计的归档方案,将归档行动自动落实于应用平台、个体档案空间、连接后的个体档案空间集合,最大限度地解放"人"的日常投入;②计算与预测归档主体的需求,由对方系统自主开展归档决策与具体行动。

第二,归档管理过程中的诸多信息管理活动无法以人工的方式进行,而要实现信息资源构建与开发利用这一归档管理目标,依赖的是细颗粒度和复杂系统式的信息处理,对应的是信息乃至数据层的互通、互理解、互操作。换言之,参与者的归档管理需求可由信息自我发现并寻获解决路径,甚至超越、激发、引领管理主体的需求范畴,这要求信息具有智能甚至智慧特质,且显示于具体管理活动中。

7.3.2 人工智能的基本概览

人工智能同人类或动物呈现的自然智能相对应，是以机器形式呈现的智能，在计算机科学领域人工智能主要是研究"智能启发的计算"，即在理解自然智能（特别是人类智能）的基础上，创制具有一定智能水平的智能机器[1]。自1943年McCulloch和Pitts开启人工神经网络研究方法以来，人工智能研究经过70多年的演进，呈现出深度学习、跨界融合、人机协同、群智开放、自主操控等新特征，形成一系列理论、方法、技术与实践。人工智能的目标主要是实现计算机与机器以智能的方式运行，例如能做到推论、解决问题、知识再现、计划、学习、处理自然语言、知觉、操作、社会智能、创造等。为达成上述目标，人工智能采取了控制论与模拟大脑、认知仿真、统计等方法。由此，开发了一系列工具与方法，解决了计算机科学的诸多重大难题，包括检索和优化、分级与统计学习方法、深度前馈神经网络、深度递归神经网络、不确定推理的概率方法等。

随着理论与技术的发展，大数据驱动知识学习、跨媒体协同处理、人机协同增强智能、群体集成智能、自主智能系统成为人工智能的发展重点，受脑科学研究成果启发的类脑智能蓄势待发，芯片化、硬件化、平台化趋势更加明显，人工智能发展进入新阶段[2]。理论方面，瞄准应用目标明确、有望引领人工智能技术的基础理论方向，加强大数据智能、跨媒体感知计算、人机混合智能、群体智能、自主协同与决策等基础理论研究。技术方面，新一代人工智能关键共性技术的研发部署以算法为核心，以数据和硬件为基础，以提升感知识别、知识计算、认知推理、运动执行、人机交互能力为重点，形成开放兼容、稳定成熟的技术体系。平台方面，布局人工智能创新平台的建设，涵盖人工智能开源软硬件基础平台、群体智能服务平台、混合增强智能支撑平台、自主无人系统支撑平台、人工智能基础数据与安全检测平台等。这些理论、技术与平台方面的规划，无不与网络空间参与式归档所要求的智能基础设施、智慧化数据资源、自组织机制、智能化管理等充分契合。

---

[1] 钟义信. 人工智能：概念·方法·机遇[J]. 科学通报, 2017, 62 (22): 2473-2479.
[2] 国务院. 国务院关于印发新一代人工智能发展规划的通知[EB/OL]. (2017-07-20)[2020-11-30]. https://www.gov.cn/zhengce/content/2017-07/20/content_5211996.htm.

7.3.3 人工智能的应用策略

由此，结合人工智能的内涵与发展趋势，依照网络空间参与式归档的理论设计与具体实践需求，人工智能在网络空间参与式归档的应用可设想为：

第一，人工智能可应用于网络空间参与式归档任一主体的各方面、各环节。在参与式归档的规则与需求框架中嵌入网络空间，构建出整体的归档信息智能管理系统。这表现在两个方面：一方面，无论在何种情境中，信息的自主性被充分建构，信息基于人工智能的NLP（自然语言处理）、神经网络等技术可对照主体与社会活动实现精确归档管理，可跨情境、形式、内容实现连接、边界设定以及自主管理。另一方面，网络空间参与式归档作为智能系统，将社会活动与信息归档管理的主体吸纳其中，对接、分析、协调、统筹各自需求，并将其作为智能系统的驱动性"信息源"。

第二，人工智能需要解决的重点问题从归档管理环节上表现为：如何自主捕获网络信息、验证信息真实性、组织信息、鉴定信息并及时提供鉴定结果、可靠保管信息、开发信息产品与服务、形成归档管理优化方案、在社会化框架下自主辅助信息（或档案空间）的互联互通互用以及安全防护。例如，信息形成与管理网络可通过深度递归神经网络得到梳理与抓取，依据语义网技术实现信息关系的识别与管理活动自主决策等。

第三，人工智能将以可持续的方式将网络空间参与式归档打造为动态进化的智能信息系统，推进其智慧化。在这一过程中，有两方面的事宜需要强调：一是平衡并积极利用主体与信息对象之间的自主性。网络空间参与式归档可整体对照网络空间乃至人类世界，这缘于人类主体与信息对象均是生命体的自然协调，因而并非只强调信息的自主性，还要积极引入人类力量帮助培育信息的智能特性。二是人工智能技术依赖规模化训练。这意味着网络空间参与式归档并非"绝对完成体"，而是处于成长进程中，并以智慧化为较高目标不断演进。因而人工智能技术及其应用适合的网络空间参与式归档场景都是不断变化、互动升级、扩张与深化的，由此推动网络空间参与式归档走向智能系统乃至智慧空间。

第 8 章 结 语

网络为人类世界提供了广阔空间，依托信息机制由基础设施到功能创新，变革了社会活动内容及其方式。信息从形成起，就在全生命周期内同世界进行互动，从而汇聚为信息资源乃至档案库。这些信息资源以及档案库成为人类世界迄今为止最大的存续成果，且在数字技术的助力下不断突破人们的最初想象。于档案事业而言，这大大拓展了从背景到内在的变量，引发对档案理论、管理方法论与实践将走向何处的焦虑与美好想象，从而驱动研究者面向未来进行探讨：如何从容应对新世界？在讨论中，议题也逐渐凸显：在多元数字技术建构的情境中，网络空间中的信息归档管理应该如何？这进一步引申出：由网络所引领的参与式档案管理，是否仅存于想象或有限的乌托邦中？若能够实现，应是怎样的模样？由此，本书以参与式档案管理为预设立场，通过经验归纳与理论演绎展开探索。

研究的首要之举是深挖网络空间、信息、档案之间的相互关系。一方面，我们在对相关概念的解析中发现了信息视角，并将其确认为：网络空间中，各种社会活动会以信息为媒介展开，信息也形成活动结果，并将活动留痕于网络中，这种过程与结果共同映射出兼具活动基地与痕迹库的网络空间。另一方面，网络空间作为信息资源库向档案库延伸与融合的特质亦得到识别，其特质显示为档案价值显著、原始记录性显现、档案化管理融合其中。基于两方面的深入分析，可确认网络空间作为档案库的特征表现为新式的、非严格界定的档案特性。网络空间的建构机制与信息复杂性赋予了参与式归档情境，从管理、人文、技术方面呈现探索脉络。

归档需求部分体现于网络空间的日常活动，细碎的多样化行动逐步显现出参与式归档的整体图景。由面向全球的网络信息归档项目的线上观察与立足我国的围绕网络信息归档不同利益相关者的实践调研可发现：一方面，网络信息的档案价值得到多方认可，各类形成者期望对信息进行归档保存，并将其作为资源以服务日后所需。网络信息归档的复杂性和资源需求在提出挑战的同时，也在向社会开放"市场"，拥有资源或能力专长的社会力量在网络空间归档的参与中日趋多元。另一方面，参与式归档的实践局限表现为粗线条的行动表达、有限的实践规模、不足的成效。由此解析出网络空间参与式归档的体系化建构方向，即尚需重构融合的概念认知、有待集成构建的方法框架、尚待系统落实的应用体系。建构方向的核心体现为跨时空归档与参与的概念重构、立体化的参与式前置框架与原则、制度基础之上的技术方案。

对于所识别的建构方向，研究进一步扩充了网络空间参与式归档的核心概念形成的理论基础。通过对照自组织与社会治理理论，结合归档与参与两大核心概念的回溯分析，深化重构了立足网络空间的核心概念。核心概念具体建构为：一是面向档案化延伸的归档，即由网络的时间维度弱化归档的"节点式"要求，重构归档的时空观，并将档案理论、方法与实践全面融合于社会的方方面面，归档跨越专业门槛实现大众化参与。二是立足社会化拓展的参与，涉及社会网络与个体的相互建构、自组织与他组织的对照融合、由主体展开的多维内容考察。

承接理论要义，网络空间参与式归档的通用框架构建亦为研究要点，即从设计原则、内容要素以及作用机制等方面解决"如何做"的问题。首先，明确以主体参与为基点的整体复杂系统观为设计原则，以动态进化的体系为认知前提，面向多样化可能的前瞻包容视野，以实现参与行动的意义为基准。其次，内容要素设定为多重背景的归档情境、多元定位与关联的归档主体、多样化的归档网络信息对象、制度技术并重的归档保障、面向过程的归档方案、多层次的归档结果，在协作与冲突过程中建构出的归档自组织体系和在社会治理推动下建成的归档引导体系，形成促进要素互动的自组织和社会治理双线融合要点。同时，可能性持续拓展的参与式归档行动作为纷繁的归档系统的重要性得到构建，将主体层面重点设想为无意识趋向自主的信息形成者、由行动执行到全景统筹的记忆机构、档案管理属性逐步凸显的网络平台、多元化多层次行动的社会第三方、从宽泛到专属的政策法规制定者、需求反馈至参与众包的社会利用者。最后，推导出行动的关联结果即网络空间参与式归档建构的全景档案世界，涉及内容包括作为基础的多元生长的自主构件、叠加而连接流动的复杂系统、对照社会的有机模块。

在理论与方法逐步明确的前提下，如何实现网络空间参与式归档的议题凸显。除了理论与方法框架偏重解决的"规则是什么"与规则设计的问题，研究中日益清晰的另一线索是，多元数字技术推动建设的网络空间所呈现的信息归档挑战同样需要采用融合多元数字技术的策略。因而，以此前所解析的技术维度的归档挑战为基础，即技术在标准与方案、基础设施、自动化程度三方面的不足，确定了网络空间参与式归档需要解决的技术应用的重点方面，对接网络空间参与式归档的核心概念与通用框架进一步确认了技术所需应用之处，比照网络空间参与式归档的重点需求初选了匹配度较高的技术，结合技术专家的建议在细化网络空间参与式归档重点需求的基础上形成云计算、区块链、人工智能的应用构想，构建出基于多元数字技术的网络空间参与式归档的策略性方案。

  本书从现状到展望、问题到对策、理论到方案等不同方面探讨基于多元数字技术的网络空间参与式归档议题，将部分未知变为已知。然而随之带来的是更多的未知和待深入解析的已知，相应议题有待继续丰富创新。因而，即使通过调研，本书所揭示的也只是部分现象，面向上述议题提供的并非"大答案"或"完整答案"，理论分析与建构的结果是更为明确的"问题群"。也正是因为有这样的研究局限，才期待更多的学者与实践者们也能以"参与"的精神投入其中，去畅想在网络空间环境、网络空间以外更加广阔的互联网、互联网以外的虚拟与现实交融的世界，以及在更长久的未来，参与式的归档管理该如何呈现与实现。丰富的空间、有效的路径、无法预设的结果，均有待更加庞大的研究力量在理论与实践的交融研究中进行可持续的探索。

附录　档案馆的社交媒体信息归档关键事项研究

——基于中国综合档案馆的访谈分析

1　引言

各类社交媒体平台上有着以千万甚至亿计的用户群体通过兴趣或人际关系形成的网络，通过网络，用户在交往、交注的过程中形成了文本、视频、图片、音频等多元形式的内容。这是个人、家庭、社群、机构、组织的自我记忆，也是社会发展多面的记录，对国家和社会具有记忆、证据、资源、资产价值。档案馆以保护文化遗产为重要职责，如何有效维护和保存这些信息也成为档案馆的重点议题，同时网络归档实践也在向着社交媒体平台延伸。

档案馆或相近机构如图书馆正逐步展开社交媒体信息归档实践。例如，英国国家档案馆面向中央政府机构的账户建立社交媒体档案，美国国会图书馆2010年同Twitter公司签订协议将Twitter信息接收进馆长期保存，中国国家图书馆也在2019年实施了首期以新浪微博为主的互联网信息保存项目，中国国家档案局在《重大活动和突发事件档案管理办法》中提及要保管好社交媒体信息。这些举措反映出社交媒体信息归档正成为档案馆的工作内容之一，是档案馆在互联网同人类世界日趋深度融合的趋势下拓展出的实践板块。同时，社交媒体信息归档正从归档认知、方法、资源等方面向档案馆等相关机构提出挑战，例如中国国家档案局尚未完成"十三五"规划时提出的制定社交媒体信息归档指南，美国国会图书馆指出当前未能有效组织Twitter信息并在合乎法律和伦理要求的情况下提供利用方式。因此，社交媒体信息归档有待在实践中识别具体的挑战与影响点，并由此形成更系统的策略与方案。

关于社交媒体信息归档，相关研究早已指出档案馆应该为社交媒体的多元利益相关方提供专业辅助，甚至承担起保管社交媒体信息的职责。在社交媒体信息归档活动中，档案馆可以作为主导者设计社交媒体信息捕获方案、展开捕

附录　档案馆的社交媒体信息归档关键事项研究——基于中国综合档案馆的访谈分析

获行动，对归档的社交媒体信息进行组织、保管、利用等一系列具体活动。同时，在多元主体参与归档社交媒体信息的框架下，档案馆的贡献也可以是提供专业方法。研究者提出社交媒体信息归档，对档案馆或相关机构提出了涉及资源配置、归档方法调整、法理与伦理风险、技术升级等方面的复杂挑战。针对档案馆应该如何应对这些挑战，研究者主要在改变档案馆自身定位、优化归档方法、引入社会力量促进协作、关注技术等方面有所建议，但具体的策略与实现方案等尚在探索中，还有待更多基于实践的分析，以便识别具体的实践问题与影响因素，由此形成更有针对性的探索方向与策略。

综合实践与研究来看，社交媒体信息归档中档案馆的作用将日趋显著，现有研究显示档案馆需要进一步理解社交媒体信息与社交媒体信息归档的特质，需进一步识别现有方法与行动的不足，并在此基础上深入分析相关的原因，从而发现档案馆进行社交媒体信息归档的关键事项与相应策略。对应于此，本研究将研究问题设定为"档案馆开展社交媒体信息归档的关键事项是什么"。为探讨这一问题，本书将对中国综合档案馆展开调查。选择中国进行调查的原因在于：在中国实施"互联网+"战略的推进下，各领域网民积极使用社交媒体等互联网工具，形成的大量信息是归档的重要来源；中国有着多元的社交媒体平台，用户基数超过 10 亿；社交媒体信息归档在中国得到国家层面的关注，明确将制定社交媒体信息归档指南列入中国档案事业"十三五"规划，中国国家图书馆发起了面向各级图书馆、档案馆的互联网信息社会化保存项目，新浪微博的 2000 亿公开博文就在首期项目保存范围内；中国档案馆在其所处的政治、文化、技术背景上有其优势，在提供一些可供探讨的、较通用的社交媒体信息归档关键事项的同时，也可以反映不同背景下可供世界关注的要点。

由此，本研究将在"档案馆开展社交媒体信息归档的关键事项是什么"这一问题之下，对中国不同地区的综合档案馆展开访谈式的调查，主要研究内容为：

（1）描述档案馆社交媒体信息归档的进展，包括档案馆对社交媒体信息归档的认识与相关行动。

（2）归纳与解释不同档案馆社交媒体信息归档进展的影响因素，讨论由此可发现的关键事项。

（3）探讨由调查分析所发现的档案馆展开社交媒体信息归档的方向或策略。

依据这一思路，本研究分为五个部分：一是通过文献综述认识研究进展和不足，从而进一步明确本研究的研究空间与焦点；二是厘清本研究的研究问题与内容，依据文章选取的访谈方法，阐释数据收集与分析方案；三是呈现与分析调查结果；四是围绕档案馆开展社交媒体信息归档的关键事项展开讨论；五是对调查进行总结与展望。

2 研究方法论说明

如同前文所提，为了明确档案馆开展社交媒体信息归档的关键事项，本研究主要围绕两方面展开调查：一是中国档案馆关于社交媒体信息归档的基本认知与实践进展，二是档案馆社交媒体信息归档的影响因素及其反映出的关键事项。调查主要面向中国各地的综合档案馆，调查方法选取非结构化访谈法，在访谈者与受访者的互动沟通中收集数据。具体来说，是以半控制或者无控制的访谈方式，访谈双方围绕一个主题进行自由交谈，提问的方式、顺序及内容都不统一，弹性较大，以充分调动访谈者与被访谈者的积极性。

调查对象的选取上：关于档案馆的选择，为尽可能覆盖中国不同发展水平和档案管理能力的档案馆，对中国的东部、西部、南方、北方的档案馆均展开了调查，且包含不同层级的发展水平不一的档案馆，包括地市级、市级、直辖市与省级的档案馆，共8个（南方3个，东部2个，北方1个，西部2个，其中省或直辖市级4个，市级3个，地市级1个）；关于访谈对象的选取，先是线上了解各个档案馆的机构组成与对应职能，而后向所调研档案馆请求访谈社交媒体信息归档主要涉及的档案接收与征集、馆藏管理、电子档案管理、信息技术、编研业务等职能部门的相关人员，由档案馆结合实际情况，根据调研函中的调研内容与要求，确认具体的受访者。访谈依据档案馆的具体情况以座谈或一对一的方式进行。

为此，我们设计了访谈提纲，访谈主要围绕如下内容展开：

（1）您如何看待社交媒体信息，对它的基本认识是什么？

（2）咱们档案馆有自己的社交媒体吗？您觉得有没有必要保管档案馆的社交媒体信息呢？为什么？档案馆有没有必要保管其他机构生成的社交媒体信息呢？为什么？或者您觉得应该由谁来保管呢？为什么？保管哪些呢？

（3）有没有采取一些措施保管社交媒体信息？如果有，具体有哪些措施？有哪些成果了？为什么目前会采取这些措施？将来还有怎样的打算？如果尚未采取措施保管社交媒体信息，原因是什么？是否考虑将来采取措施保管？能否想到可能采取什么样的措施？

以转录的方式对访谈所收集的数据进行整理，依据受访者的要求进行匿名化处理，形成各个档案馆的访谈记录。基于访谈记录，笔者一方面从中提取关于社交媒体信息归档认知与进展的内容；另一方面从中梳理受访者指出的各类影响社交媒体信息归档的内容，以归纳的方式总结出社交媒体信息归档的关键事项。

3 研究结果：中国档案馆的社交媒体信息归档进展

依据对中国 8 个综合档案馆中各部门工作人员的访谈，实践进展分为四类。

3.1 展开有限的社交媒体信息归档行动

这类情况是指档案馆认为社交媒体应该进行归档，也展开了行动，但行动力度有限，具体方法与方案尚在探索中。D 馆和 H 馆是这类实践的代表。

D 馆认为社交媒体信息有一定价值，可成为档案馆馆藏的一部分。因而，通过 2020 年新冠肺炎疫情专题档案资源的建设契机，D 馆在网络资源的采集过程中，捕获了一些政府机构微博、微信公众号所发布的信息。该专题网络资源采集以静态网页为主（静态网页采集了 11 万页，数据达 250 万 GB），相比之下社交媒体信息只是小部分（由于较少，没有专门统计），但已是 D 馆进行社交媒体信息归档的第一步。尽管该馆将社交媒体信息归档纳入未来的工作计划，但限于当前馆内资源和人力的限制，社交媒体信息归档尚未成为日常工作的一部分。D 馆认为行动局限较多，只有把以下四个方面的问题思考清楚了，才能把社交媒体信息归档做好：①通过采集获得的资源是否只能算社交媒体信息而非档案，这是由于如果无法采集到完整的背景与内容信息，如信息发布之前形成者内部的审批信息，采集的结果则并非原始记录。②相比静态网页，社交媒体产生的互动类信息对档案馆而言技术难度较大，捕获、固化、组织等较具挑战。③在社交媒体信息归档中档案馆要发挥怎样的作用？D 馆工作人员认为政府机构形成的社交媒体信息应该是谁形成谁归档（中国的政府部门往往都设立有档案室或档案员，来专门归档管理所在部门需要保存一定时间的档案，到期销毁或是移交至档案馆），档案馆要做好接收和后续的长期保存工作，档案馆直接采集的必要性不大，问题是怎么让政府机构去做好这项工作。如有必要，档案馆根据馆内的工作计划和上级党政机关的要求做好社会热点、重大事件之类的社交媒体信息归档即可。④保存社交媒体中的哪些信息要进一步明确。一是社交媒体的互动类信息、碎片化信息要不要保存？二是形成背景和主体更加广泛的社会类社交媒体信息要不要保存？虽然 D 馆希望在未来通过档案馆正在统筹建设的档案数据中心吸纳公众参与共建资源，但目前国家层面没有行动示范或是政策指导，因而还需进一步探讨具体做法。

除开 D 馆，H 馆也有相近进展：①H 馆没有面向政府机构或是更广的社会范畴实现常规的社交媒体信息归档，而是依托 H 馆所在地区于 2021 年举办世界性活动这一归档契机，在所合作的高校研究团队的建议下将社交媒体纳入档案资源建设中。②已经根据事件追踪确定了部分的捕获范围，采集了 29 个微博账户（包括政府机构和地区有影响力的自媒体）的近 500 条信息以及每条信息下热门的 10 条评论。③H 馆认为社交媒体信息归档要做好制度建设，用以指导归档方案设计，当前的重点是制定归档范围的划定标准以明确保存什么内容；制定元数据方案，确保归档信息的档案特性。

3.2 认同社交媒体信息归档必要性，行动以网页归档为基础

这类档案馆也意识到了社交媒体信息的价值，有意向在未来归档行动，当前主要是着力于通过网页归档来打好基础，其代表是 F 馆。

F 馆关于社交媒体信息归档的认知与行动包括：①各种社交媒体平台均提供了记录工具和产物，无论其形成信息的形式如何，只要有保存价值都应当由档案馆进行保存，尤其是能反映社会变迁的具有重大价值的信息，档案馆应主动追踪和获取。同时，总体来看大部分社交媒体信息价值不高，达不到档案馆的要求。②社交媒体信息中哪些算档案或者说哪些应是档案馆的工作重点还有待商榷，F 馆认为所归档的信息应有凭证属性，要把重点放在互动类信息、音视频上。③政府机构应该自主采集社交媒体信息，具有保管价值的则移交至档案馆。需要注意的是，采集范围不仅应有发布在线上的这部分信息，也应该把发布前的信息制作、审批等背景信息纳入其中。④当前同社交媒体信息归档较为相关的行动是 F 馆正逐步进行的网页归档，包括开发平台功能以对接将要上线的新版档案馆网站；捕获代表所在地行政区域历史与文化的本地新闻；网页存为 PDF 格式，内容另外摘取存为 TXT 格式供后续开发利用。⑤社交媒体信息归档尚未启动的原因之一在于互动、动态信息的捕获难度高。

3.3 认同社交媒体信息归档的必要性，缺乏行动基础

这类档案馆认为应进行社交媒体信息归档，但缺乏实际行动。不仅不知如何展开具体工作，且没有网页归档的实践基础，代表是 A 馆、C 馆、E 馆。

A 馆认为，社交媒体信息归档有一定必要性，但没有具体行动甚至没有

网页归档实践基础的原因在于：①社交媒体信息覆盖的范围很广，可能多数不在档案馆的保管范畴中，归档范围的划定比较复杂。②档案馆对社交媒体信息进行归档要厘清多种关系，主要包括：社交媒体平台的服务供应商是私人企业，信息的所有权和保管权不好确认；即使是政府机构形成的信息，如果由档案馆直接采集与保存，难以解决政府机构随后改动或删除信息的这类情况；社交媒体信息归档会涉及公众形成的部分信息，落实到个人层面解决信息所有权和利用权比较复杂。③尽管国家档案局出台了《政府网站网页归档指南》，但其中的一些规范跟网页的原始特性不相符合，比如要转化为 PDF 格式进行保存，这同 A 馆所了解的网页或社交媒体信息归档做法不同。对 A 馆而言，目前难以独立形成可行的归档方案。

C 馆对社交媒体信息归档的理解与认可主要表现为：①社交媒体信息归档是档案馆要拓展的一项工作内容，这是大趋势。档案馆应该破除原有的观念限制，不应只关注政务所产生的记录，应立足服务于社会这一大视野来保管社交媒体中有价值的信息，以建设服务民生的资源。②档案馆要有危机意识，在图书馆已经有一定行动的情况下，档案馆也要以更加开放与及时的行动获取社交媒体信息资源。③中国的综合档案馆有着为国守档、为党守史的使命，因而社交媒体信息归档应该要有筛选机制，归档所形成的资源应当同图书馆等机构相区别，范围和选择标准要更严格、更规范。④由于欠缺实践基础，应对社交媒体信息归档有所规划，从操作相对简单的静态网页归档做起，而且只关注小范围，比如党委、政府、档案馆三个网站。

在 E 馆的工作构想中，对社交媒体或是静态网页进行采集，应该主要从档案馆所在行政区域内的重大事件、典型人物、特色文化三方面来捕获相关资源，但是没有将其纳入当前的工作中，暂未取得成效。

3.4 不认可社交媒体信息归档的必要性，不愿展开行动

这类档案馆认为社交媒体没有归档的价值或紧迫性，没必要进行归档。其代表是 B 馆与 G 馆。

B 馆认为社交媒体不需要由档案馆归档的原因在于：①网络包括社交媒体上发布的信息不是真正的社会活动的原始记录。对政府机构来说，发布在社交媒体上的信息都要在内部走流程，这些材料都会根据归档范围判定是否需要保存，社交媒体上显示出来的只是结果而已。②尽管社交媒体会帮助记录一些活动、人物等，但政府机构、档案馆等往往也会对重大活动、典型人物进行更加规范、整体和完整的记录，社交媒体上的碎片化信息没必要保存。③从职责

上来说，档案馆只需要做好接收工作，如果需要做社交媒体信息归档也是由形成机构来做，档案馆不用介入其中。④档案馆接收过网页资源但接收后闲置，如由互联网公司帮助 B 馆接收其所在行政区域为主办国际性事件建立的专题网站，但由于接收后没有配置相应的服务器，也没有还原网站架构，接收的网站基本上处于无效状态。

G 馆和 B 馆对社交媒体信息归档有着相近的认知，即社交媒体归档尽管有一定的价值，但档案馆不足以在近期或未来的一段时间内展开行动：①社交媒体信息的质量不一定符合档案的要求，例如虚假信息较多，不适合归档。②G 馆的工作重点主要在数字档案馆的建设，尤其是历史档案的数字化上，没有更多精力和资源进行社交媒体信息归档。③之前做过网页归档，主要是爬取政府网站上较重要的与档案馆有关的音视频，但没有延续下来，现在做的就是定期对档案馆自身的网站做备份。④当前其他档案馆的社交媒体或网页归档不一定能实现档案所要求的质量，如果要做，不如等现有的工作任务完成而社交媒体信息归档也比较成熟时再考虑。

4 基于调查结果的探讨

调查显示，从总体上看，社交媒体信息归档的必要性在中国不同地区和层级的综合档案馆中得到较大程度的认同，但相应的行动投入却较为有限。访谈提供了值得关注、尚待探讨的关键事项。

4.1 社交媒体信息归档必要性认同程度不同，显示档案认知差异

社交媒体信息归档现状的差异主要在于档案馆为什么要或者不要对社交媒体信息进行归档，体现出认知差异。

一方面，社交媒体信息是否有档案属性对档案馆而言是关键问题，这决定了档案馆是否要将社交媒体信息纳入馆藏范围。访谈中，这个问题体现为：一是社交媒体信息可否被视作社会活动的原始记录。部分档案馆工作人员指出，政府机构在社交媒体平台发布信息前都要经过一定程序后才可发布，发布内容、时间、审批意见、相关部分与人员等均在程序中，只有这部分记录具有档案属性，社交媒体信息只是公开这些内容的载体而已。尽管这只是小部分档案馆的认知，但这也体现了该如何看待社交媒体信息的档案属性与归档对象完整性的问题，即线上发布的记录同后台形成过程中的信息之间的相互关系是什么，是二者结合共同作为对某一活动的整体记录，还是二者只是存有关联但作

为独立记录存在？进一步的问题是，社交媒体信息相比过程信息或是一手生成的信息有何独特性而需将其作为档案进行保管？尽管这是一种质疑，但同样提供了方向来探讨社交媒体信息这一形式价值的空间，它的线上公开、互动、动态、传播链等特质能否在形式、背景、内容上扩充活动记录的内涵，且这种扩充呈现出的价值是否值得将其纳入档案范畴也值得讨论。

另一方面，即使具有档案属性，社交媒体信息是否处于档案馆的资源范畴中也是档案馆所关注的要点。这一问题指向了归档范围的确定，而对受访的档案馆来说这是共有的难点。社交媒体信息具备多主体共同形成的特质，加之碎片化记录各领域社会活动导致其公私边界模糊，使得档案馆要思考以保存官方记录为主的传统机构对含有私人性质却亦有公共属性的社会类信息资源，应用怎样的态度以及进行何种程度的保管。因而，如何设定标准、明确范围、设计方案来全面并精准地采集属于档案的部分要考虑的方面较多，对选取哪些平台、哪些用户形成的、哪类形式与内容的信息难以抉择。甚至对独立的某条信息来说，设定转发、评论、点赞等互动信息是否需要保存与保存程度如何、捕获频率如何等问题，在网络空间即时性和随机性较大的信息生成与传播环境中均有困惑。部分档案馆的回应值得思考，即档案馆保存的是永久信息，绝不可能保存所有的社交媒体信息。那么就要回到档案馆的定位本身，即档案馆是什么性质的记忆机构、为谁服务、资源与能力情况如何。例如，C档案馆的思考就为研究提供了参考，其工作人员认为中国的档案馆要考虑服务人民、政府与政党（中国共产党），因而人文关怀、服务政府决策与国家安全以及政治属性，是设定归档标准与范围时要考虑的。

4.2 社交媒体信息归档呈现多重挑战，档案馆能力尚待提升

由访谈来看，档案馆对社交媒体信息归档不甚积极的态度与行动是因为档案馆的能力尚不匹配社交媒体信息归档的复杂性，这是当前能否开启以及充分开展社交媒体信息归档的关键：

一是技术挑战。社交媒体作为Web 2.0应用有着较强的技术属性，随着互联网的发展日益复杂，归档所形成的信息结果有着较高的技术要求。受访的档案馆提出的技术难点亦印证了研究中所提及的内容，例如：互动性背景、形式、内容如何捕获，在动态的生成与传播中归档节点与频率如何设定，海量的信息如何实现自动化甚至更智能的采集和处理等。

二是档案馆已有方法的不适应性。受访档案馆在两方面提出困惑。一方面，归档官方机构与公众互动的内容以及非官方机构形成的具有公共属性的信

息如重大事件的记录,难以通过往常通用的社会征集来实现。潜在、海量的捐赠群体所提交的不同背景、形式、内容以及规模的数字信息对档案馆工作人员、流程、平台的要求较高,信息审核以及所涉及的所有权、利用权事宜的确认等同样需要改变现有征集方法。另一方面,已有实践的部分档案馆同样提及了相关困惑,社交媒体信息通常由半结构化数据组成,且动态性显著,档案馆永久保存偏重固化的保存方法是否适合于社交媒体信息有待考量。例如,当前国家档案局发布的《政府网站网页归档指南》中将网页转化为PDF格式进行保存的方法是否会破坏社交媒体信息本身发布于线上的、由数据组成的特质。这也进一步延伸出现有实践缺失专业政策法规与标准规范的支持,档案馆的能力建构缺乏指导与依据的问题。社交媒体信息归档在世界范围内都处于探索进程中,单一的档案馆难以发现所有归档难题并设计完善的归档方案,来自国家档案机构顶层设计的指导、具体制度的规范与示范实践的参考是必要的。这在我国当前的实践中是缺失的,多个档案馆指出国家档案局从政策到具体制度都没有明确指导社交媒体应不应归档、如何归档,因而各地的档案馆只能接受行动的滞后。

　　三是资源限制。即使社交媒体信息归档对档案馆是必要的,是否能纳入工作范畴形成实践行动,还在于档案馆能否为其配置相应的资源。调查总体显示出目前的实践极为有限,由档案馆工作人员的反馈来看,社交媒体信息归档不在当前的工作计划中,亦非未来一段时间的重点工作。即便认可社交媒体信息的档案价值与社交媒体信息归档行动的必要性,甚至意识到若未开展完整有效的行动,则资源流失的风险较大,但在当下的资源条件下档案馆只能选择重要性与紧迫性更高的工作内容,如数字档案馆建设。这指向两个问题:

　　一个问题是社交媒体属性与价值的问题,即社交媒体信息在档案资源中将处于怎样的定位。从访谈来看,尽管社交媒体信息归档得到多数档案馆的认同,但更多的只是一种补充,用以拓展档案馆资源中的形式多样性与记录内容的多元化。那么,社交媒体信息会随着互联网对社会活动影响力的提升而在档案资源中更加重要,还是将长期作为辅助类的组成而存在?

　　另一个问题则是,在档案馆的工作重点尚需更多资源投入的情况下,社交媒体信息归档同这些更受重视的工作是怎样的关系,要以怎样的策略推进。从访谈来看,我国档案馆的工作重点在于数字档案馆建设,尤其是对馆藏档案的数字化,同时亦在探索党政机关电子文件的前端控制与在线接收,这两大工作需要耗费大量的软硬件设施和人员投入。D馆就明确提出,近期的工作重点是建设档案数据中心,更加系统和大规模的社交媒体信息归档只能在未来规划。

那么，社交媒体信息归档就面临着以怎样的方式争取资源且在有限的资源中规划具体行动的问题。同时，面对应保存的社交媒体信息失真、失存的风险，应当采取怎样的应对方案或妥协性的措施？应对方法可参考 C 馆提出的先做网页归档，且只归档重要的网站，为社交媒体信息归档奠定实践基础。

4.3 协作力量得到关注，有待统筹以形成有效策略

协作力量对社交媒体信息归档的重要性逐渐得到认识，这同前文提及的两个关键事项密切相关，从策略层提供了讨论焦点，尤其是档案馆的能力局限同样体现出档案馆很大程度上难以作为单一的主体进行社交媒体信息归档。

访谈印证了上述观点，实践局限的重要原因在于尚未得到多方协作，具体为：一是随着中国机构改革，档案机构从原有的局馆合一形态变成局馆分离，档案馆作为事业单位没有行政权力布局和落实工作。由于档案局处于新设立的阶段，社交媒体信息归档这样具有挑战性、需要资源投入、前期难出成果的工作难以获得档案局的政策与制度支持。二是多个档案馆提出档案馆的社交媒体信息归档应当围绕重大事件、名人或是上级党政机关或档案局提出的工作要点展开，日常的政务类社交媒体信息应当由形成者即对应党政机关的档案室来采集，必要时移交至档案馆即可。这个观点在 C 馆和 D 馆得到明确表达。三是社交媒体信息的归档许可与授权需要非官方的组织、群体以及个人的信息形成者确认信息所有权、保管权、利用权等相关事项，从而避免法理与伦理纠纷。这个观点得到 A 馆的明确支持。四是社会第三方的力量逐渐得到关注与认可，部分档案馆提出社交媒体平台在资源移交、分享上可以提供制度与技术辅助，由此部分解决当前知识产权和自动化接收的难题。

5 结论

面向中国不同地区与层级综合档案馆的调查显示：一方面，社交媒体信息归档的必要性得到较多档案馆的认同，它们期望能展开更加有效的行动；另一方面，实践进展极为有限，档案认知的困惑、档案馆现有归档能力的不足、缺失充分的协作力量等原因是关键。这些关键事项经由访谈得到显示，有待在未来进一步探索。

认知方面，随着以社交媒体为代表的互联网应用日渐融合于社会活动，信息的背景、形式与内容日益丰富，讨论其是否具有档案属性与价值可促进档案馆明确归档对象与对应措施。这要求档案馆基于以往对档案的认识、档案馆相

关标准规范、现有馆藏具体情况等，对照社交媒体信息明确哪些可视作档案馆应保管的档案。同时，这种影响并非单向的，档案馆及其工作人员也应意识到档案认知应随着社会的发展有一定的变化，社交媒体信息的动态性、活动性、内容多元性、形式多样性、利益相关者的边界难确认等特质，同样将驱动档案认知的拓展，档案馆藏的分布以及档案馆功能亦随之发生相应变化。那么，档案是什么、主要内涵与形态如何、档案本质特性是什么、具有哪些价值且价值如何发挥，这些问题有待解答。档案同档案馆的关系等在社交媒体赋予的情境中尚需探索。

就能力建构的具体内容来说，访谈进一步明确了方向。关于技术挑战，访谈结果显示出在ICTs（信息通信技术）的推进下，人类社会的数字转型已是必然趋势，档案馆作为社会运作的单元应具备数字技术能力。不论是现有档案工作人员加强技术学习抑或是引进技术专家，均指向档案馆如何实现专业与技术相融合的人才矩阵建设问题。针对现有档案方法的不适宜问题，要引导档案馆认识背景、形式、内容日益拓展的信息为档案领域带来的社会、文化、技术、管理等方面的影响，探索如何将这些发现融合于归档方法、流程、分工、能力要求中。面对这一问题可通过了解社交媒体信息归档的环境、对象以及利益相关者，做出相应调整。对现有政策法规进行更深入的调查与分析、由信息形成者一同确认归档范围和权责事项、寻求平台制度与功能配合等成为重要对策。对于资源不足给实践带来的直接限制，一方面需要档案馆以发展的思路认识社交媒体信息在档案馆的定位问题，即社交媒体信息与其他形式的档案是怎样的关系、总体价值如何、是否会发生变化，由此形成可持续的规划来落实应当配置怎样的资源以及与之对应的行动。另一方面则是行动策略问题。这需要档案馆探讨如何在工作规划中进行精细化的资源配置与行动统筹，从而以分部分、分阶段的细分方式开展社交媒体信息归档。例如，能否以试点的方式对小部分社交媒体账户进行归档或是从重大事件入手采集小部分资源，从而在实践中深化认识社交媒体信息以及相应的归档方法、经验与难点。

不同方面的协作力量及其潜在贡献被发现，这符合社交媒体的特征，也是解决档案馆难以孤立应对社交媒体信息归档复杂性问题的策略。这种策略在前文关于认知和挑战的讨论中已有部分分析。同时，这些协作力量如何同档案馆实现连接以及具体应用，尚需更明确的思路，且其他类型的社会力量如拥有资源或技术专长的企业、有着相近功能的图书馆、大基数的个人与群体等尚未得到关注。因而，虽然较多研究指出吸纳多元社会力量对档案馆而言是重要策略，亦在访谈中得到显示，但如何形成完整有效的协作系统还有待从权责设定、机制建立、流程设计等方面展开探讨。

总而言之，面向中国各地与各层级档案馆的访谈有助于理解社交媒体信息归档在中国的实践进展，也帮助确认了影响认知与行动的不同关键事项，可为其他国家与地区的档案馆以及相关机构的社交媒体信息归档提供参考。同时，研究有待在未来进一步展开，对实践内容、挑战与策略进行更全面的识别，为诸多关键事项提供深入的理论解析，面向实践深化探索可行策略与方案。

参考文献

一、中文文献

[1] 朝乐门. 云计算环境下的电子文件迁移模型研究 [J]. 档案学通讯, 2013 (1): 53-56.

[2] 陈萌. 国内网络信息资源保存研究进展 [J]. 图书情报工作, 2014, 58 (11): 137-142.

[3] CNNIC. 2020年第45次中国互联网络发展状况统计报告 [EB/OL]. (2020-04-28) [2023-03-29]. https://www.cnnic.net.cn/NMediaFile/old_attach/P020210205505603631479.pdf.

[4] 陈涛, 董艳哲, 马亮, 等. 推进"互联网+政务服务" 提升政府服务与社会治理能力 [J]. 电子政务, 2016 (8): 2-22.

[5] 陈伟军. 虚拟社区中的社会思潮传播与价值形塑 [J]. 浙江学刊, 2013 (1): 183-193.

[6] 陈永生, 杨茜茜, 王沐晖, 等. 基于互联网政务服务平台的文件归档与管理: 记录观 [J]. 档案学研究, 2019 (3): 16-23.

[7] 仇伟, 郭洪远. 云计算的特点和应用展望 [J]. 数字技术与应用, 2011 (4): 168.

[8] 崔保国. 世界网络空间的格局与变局 [J]. 新闻与写作, 2015 (9): 25-31.

[9] 崔学敬, 赵志学. 论互联网思维对当前我国社会治理的启示 [J]. 行政管理改革, 2017 (3): 45-49.

[10] 冯惠玲. 数字时代的记忆风景 [N]. 中国档案报, 2015-11-19 (3).

[11] 冯惠玲. 科技改变文件与档案管理 [N]. 中国档案报, 2017-12-28 (3).

[12] 冯惠玲. 拥有新记忆——电子文件管理研究 [D]. 北京: 中国人民大学, 1997.

[13] 冯惠玲, 钱明辉. 动态资源三角形及其重心曲线的演化研究 [J]. 中国软

科学，2014，29（12）：157-169.

[14] 国家档案局. 中华人民共和国档案法[EB/OL].（2020-06-20）[2023-03-29]. https://www. saac. gov. cn/daj/falv/202006/79ca4f151fde470c996bec0d50601505. shtml.

[15] 国家档案局. 电子文件归档与电子档案管理规范[EB/OL].（2016-08-29）[2023-03-29]. https://std. samr. gov. cn/gb/search/gbDetailed?id=71F772D81026D3A7E05397BE0A0AB82A.

[16] 冯喆. 一场"档案与文化建设"的饕餮盛宴［N］. 中国档案报，2012-11-08（1）.

[17] 国务院. 国务院关于印发新一代人工智能发展规划的通知[EB/OL].（2017-07-20）[2020-11-30］. http://www. gov. cn/zhengce/zhengceku/2017-07/20/content_5211996. htm.

[18] 韩志明. 从"互联网+"到"区块链+"：技术驱动社会治理的信息逻辑［J］. 行政论坛，2020，27（4）：68-75.

[19] 何嘉荪. 文件群体运动与文件管理档案化——"文件运动模型"再思考兼答章燕华同志之二［J］. 档案学通讯，2007（4）：32-35.

[20] 何嘉荪，马小敏. 后保管时代档案学基础理论研究之四——档案化问题研究［J］. 档案学研究，2016（3）：4-11.

[21] 何嘉荪，史习人. 对电子文件必须强调档案化管理而非归档管理［J］. 档案学通讯，2005（3）：11-14.

[22] 何明升. 虚拟社会治理的概念定位与核心议题［J］. 湖南师范大学社会科学学报，2014，43（6）：5-12.

[23] 王玮. 区块链技术回顾与展望[EB/OL].（2017-05-15）[2023-03-29］. http://pic. huodongjia. com/ganhuodocs/2017-06-15/1497513853. 16. pdf.

[24] 何思源. 社交媒体信息的档案化管理：概念模型与管理模式［J］. 浙江档案，2019（4）：28-31.

[25] 胡百精. 互联网与集体记忆构建［J］. 中国高校社会科学，2014（3）：98-106+159.

[26] 惠志斌，唐涛. 中国网络空间安全发展报告（2015）［M］. 北京：社会科学文献出版社，2015.

[27] 李宗富，黄新平. 基于5W2H视角的政府网站信息存档研究［J］. 档案学通讯，2016（2）：68-72.

[28] 骆毅. 互联网时代社会协同治理研究 [D]. 武汉：华中科技大学，2015.
[29] 牛力，韩小汀. 云计算环境下的档案信息资源整合与服务模式研究 [J]. 档案学研究，2013（5）：26-29.
[30] 宋香蕾. 政务微博档案化模式研究 [J]. 档案学研究，2017（1）：51-56.
[31] 孙中伟，贺军亮，田建文. 网络空间的空间归属及其物质性构建的地理认知 [J]. 世界地理研究，2016，25（2）：148-157.
[32] 特里·库克，李音. 四个范式：欧洲档案学的观念和战略的变化——1840年以来西方档案观念与战略的变化 [J]. 档案学研究，2011（3）：81-87.
[33] 万凯莉. 社交媒体信息全民参与保存模式研究 [J]. 中国档案研究，2015（1）：151-163.
[34] 王国华，杨腾飞. 社会治理转型的互联网思维 [J]. 人民论坛·学术前沿，2016（5）：24-34.
[35] 王新才，徐欣欣. 国外个人数字存档的实践经验及其启示 [J]. 信息资源管理学报，2016，6（4）：109-115.
[36] 威廉·吉布森. 神经漫游者 [M]. 雷丽敏，译. 上海：上海科技教育出版社，1999.
[37] 辛本健. 美国确保网络空间安全的国家战略 [J]. 外国军事学术，2003（4）：37-40.
[38] 国家图书馆研究院. 国家图书馆启动互联网信息战略保存项目 [J]. 国家图书馆学刊，2019，28（3）：24.
[39] 徐晓林，陈强，曾润喜. 中国虚拟社会治理研究中需要关注的几个问题 [J]. 中国行政管理，2013（11）：7-11.
[40] 燕继荣. 社会变迁与社会治理——社会治理的理论解释 [J]. 北京大学学报（哲学社会科学版），2017，54（5）：69-77+2.
[41] 袁方. 社会研究方法教程 [M]. 北京：北京大学出版社，1997.
[42] 张国清，刘腾. 零碎的抑或总体的：杜威和罗尔斯社会治理理论比较研究 [J]. 浙江大学学报（人文社会科学版），2013，43（4）：66-76.
[43] 张康之. 论主体多元化条件下的社会治理 [J]. 中国人民大学学报，2014，28（2）：2-13.
[44] 张新宝，许可. 网络空间主权的治理模式及其制度构建 [J]. 中国社会科学，2016（8）：139-158+207-208.
[45] 赵展春. 网络信息归档保存的档案馆责任主体研究 [J]. 档案与建设，

2014（10）：23-26+30.

[46] 钟义信. 人工智能：概念·方法·机遇［J］. 科学通报，2017，62（22）：2473-2479.

[47] 周耀林，赵跃. 基于个人云存储服务的数字存档策略研究［J］. 图书馆建设，2014（6）：21-24+30.

二、英文文献

[1] ACKER A, BRUBAKER J R. Death, memorialization, and social media: a platform perspective for personal archives［J］. Archivaria, 2014, 77(1): 1-23.

[2] ALEXANDRA E. Welcoming the world: An exploration of participatory［EB/OL］. (2012-07-29)[2023-03-09]. http://ica2012.ica.org/files/pdf/Full%20papers%20upload/ica12Final00128.pdf.

[3] ALLEN L A, WYLIE J D. Managing and collecting social media［EB/OL］. (2013-05-02)[2022-12-01]. https://magazine.arma.org/wp-content/uploads/simple-file-list/2013_03_managing_social_media_for_e-discovery.pdf.

[4] AMY W, JOANNE A. Web archiving & you［EB/OL］. (2017-06-08)[2022-11-10]. https://drum.lib.umd.edu/bitstream/handle/1903/19234/WicknerArcher_LRIPF_WebArchiving.pdf?sequence=1.

[5] AUSLOOS J. The 'right to be forgotten'—worth remembering?［J］. Computer Law & Security Review, 2012, 28 (2): 143-152.

[6] AYALON O, TOCH E. Retrospective privacy: Managing longitudinal privacy in online social networks［C］. The Ninth Symposium on Usable Privacy and Security, 2013.

[7] BASS J. A PIM perspective: leveraging personal information management research in the archiving of personal digital records［J］. Archivaria, 2013, 75: 49-76.

[8] BEER D, BURROWS R. Popular culture, digital archives and the new social life of data［J］. Theory, Culture & Society, 2013, 30 (4): 47-71.

[9] BENSON V, SARIDAKIS G, TENNAKOON H. Information disclosure of social media users: does control over personal information, user awareness and security notices matter?［J］. Information Technology &

People, 2015, 28 (3): 426-441.

[10] BUSHEY J. Convergence, connectivity, ephemeral and performed: new characteristics of digital photographs [J]. Archives and Manuscripts, 2014, 42 (1): 33-47.

[11] CAROLINE B. Archives and recordkeeping. Theory into practice [M]. London: Facet Publishing, 2014.

[12] CHAUDHRY A S, UR REHMAN S, AL-SUGHAIR L. Personal information management practices in the Kuwaiti corporate sector [J]. Malaysian Journal of Library & Information Science, 2015, 20 (3): 27-42.

[13] CHOI H S, LEE W S, SOHN S Y. Analyzing research trends in personal information privacy using topic modeling [J]. Computers & Security, 2017, 67: 244-253.

[14] COMFORT L K. Self-organization in complex systems [J]. Journal of Public Administration Research and Theory, 1994, 4 (3): 393-410.

[15] COOK T. Evidence, memory, identity, and community: four shifting archival paradigms [J]. Archival Science, 2013, 13 (2): 95-120.

[16] COUNCIL OF CANADIAN ACADEMIES. Leading in the digital world: Opportunities for Canada's memory institutions [R]. Ottawa: Council of Canadian Academies, 2015.

[17] CROOK E. Web archiving in a web 2.0 world [J]. The Electronic Library, 2009, 27 (5): 831-836.

[18] DAVID B, BRIAN L, NICHOLAS P, et al. Cyberculture: the key concepts [M]. London: Rouledge, 2004.

[19] DAVIS S, GATTERMEYER R. Web-Archiving: Preserving vital records and enhancing discoverability and accessibility[EB/OL]. (2019-05-22) [2022-10-16]. https://tdl-ir.tdl.org/handle/2249.1/156420.

[20] DEARSTYNE B W. Blogs, mashups, & wikis: oh, my! ready or not, web 2.0, a new generation of web-based services, is changing the way people work and the way records and documents are created, used, and shared [J]. Information Management Journal, 2007, 41 (4): 24-33.

[21] DEBATIN B. Ethics, privacy, and self-restraint in social networking

[M]// TREPTE S, REINECKE L. Privacy online: Perspectives on Privacy and Self-Disclosure in the Social Web. Heidelberg: Springer Berlin Heidelberg, 2011: 47-60.

[22] DELGADO G A, AMOZORRUTIA A B, OLIVERA L H. Archive 3.0, the new dimension of memory [J]. Tábula, 2015 (18): 14-16.

[23] DETERMANN L. Social media privacy: a dozen myths and facts [J]. Stanford Technology Law Review, 2012, 7 (1): 1-14.

[24] FONDREN E, MCCUNE M M. Archiving and preserving social media at the library of congress: institutional and cultural challenges to build a twitter archive [J]. Preservation, Digital Technology & Culture, 2018, 47 (2): 33-44.

[25] FOX E A, XIE Z, KLEIN M. Web archiving and digital libraries (WADL)[C]//Association for Computing Machinery. 2017 ACM/IEEE Joint Conference on Digital Libraries. New York: Curran Associates, 2018: 425-426.

[26] GEHL R W. The archive and the processor: the internal logic of web 2.0 [J]. New Media & Society, 2011, 13 (8): 1228-1244.

[27] GOOD K D. From scrapbook to Facebook: a history of personal media assemblage and archives [J]. New Media & Society, 2013, 15 (4): 557-573.

[28] FLAKE G W, LAWRENCE S, GILES C L, et al. Self-organization and identification of web communities [J]. Computer, 2002, 35 (3): 66-70.

[29] HOCKX-YU H. Archiving social media in the context of non-print legal deposit[EB/OL]. (2014-07-30)[2022-11-30]. http://library.ifla.org/999/1/107-hockxyu-en.pdf.

[30] HUDSON C G. From social Darwinism to self-organization: implications for social change theory [J]. Social Service Review, 2000, 74 (4): 533-559.

[31] HUVILA I. The unbearable lightness of participating? revisiting the discourses of "participation" in archival literature [J]. Journal of Documentation, 2015, 71 (2): 358-386.

[32] HUVILA I. Participatory archive: towards decentralised curation,

radical user orientation, and broader contextualisation of records management [J]. Archival Science, 2008, 8 (1): 15-36.

[33] International Telecommunication Union. ITU toolkit for cybercrime legislation[EB/OL]. (2010-04-27)[2022-12-02]. https://www.combattingcybercrime.org/files/virtual-library/assessment-tool/itu-toolkit-for-cybercrime-legislation-%28draft%29.pdf.

[34] JANKE T, IACOVINO L. Keeping cultures alive: Archives and indigenous cultural and intellectual property rights [J]. Archival Science, 2012, 12 (2): 151-171.

[35] JEFFREY S. A new Digital Dark Age? Collaborative web tools, social media and long-term preservation [J]. World Archaeology, 2012, 44 (4): 553-570.

[36] JIAYI L. 2020-nCov Individual Archives[EB/OL]. [2022-02-20]. https://github.com/jiayiliujiayi/2020nCov_individual_archives.

[37] JONES W, BELLOTTI V, CAPRA R, et al. For richer, for poorer, in sickness or in health... the long-term management of personal information[C]// KAYE J, DRUIN A, LAMPE C, et al. Proceedings of the 2016 CHI conference extended abstracts on human factors in computing systems. New York: Association for Computing Machinery Inc, 2016: 3508-3515.

[38] JOY P. Archives 2.0: if we build it, will they come? [J]. Ariadne, 2009 (60): 1-6.

[39] KALFATOVIC M R, KAPSALIS E, SPIESS K P, et al. Smithsonian Team Flickr: a library, archives, and museums collaboration in web 2.0 space [J]. Archival Science, 2009, 8 (4): 267.

[40] KATRINA D. Digitising the modern archive [J]. Archives and Manuscripts, 2014, 42 (2): 171-174.

[41] KENNEDY M. Cautionary tales: Archives 2.0 and the diplomatic historian [J]. Ariadne, 2009 (61): 30-41.

[42] KETELAAR E, MCKEMMISH S, GILLILAND-SWETLAND A. Communities of memory: pluralising archival research and education agendas [J]. Archives and Manuscripts, 2005, 33 (1): 146-174.

[43] KIETZMANN J H, HERMKENS K, MCCARTHY I P, et al. Social

media? get serious! understanding the functional building blocks of social media [J]. Business horizons, 2011, 54 (3): 241-251.

[44] KINDER-KURLANDA K, WELLER K, ZENK-MÖLTGEN W, et al. Archiving information from geotagged tweets to promote reproducibility and comparability in social media research [J]. Big Data & Society, 2017, 4 (2): 1-14.

[45] KOVARI J, DOOLEY J M, PETERSON C, et al. Capturing the web: Web archiving in cultural heritage institutions[EB/OL]. (2016-06-23) [2022-11-30]. https://ecommons.cornell.edu/handle/1813/44547.

[46] LEYDESDORFF L. Is society a self-organizing system? [J]. Journal of Social and Evolutionary Systems, 1993, 16 (3): 331-349.

[47] LINDLEY S E, MARSHALL C C, BANKS R, et al. Rethinking the web as a personal archive [C] //SCHWABE D, ALMEIDA V, GLASER H. Proceedings of the 22nd international conference on World Wide Web. New York: Association for Computing Machinery, 2013: 749-760.

[48] LINDSTRÖM L. Archiving in the era of online activism: challenges and practices of collecting and providing access to activist social media archives[EB/OL]. (2019-06-12)[2022-11-30]. https://lup.lub.lu.se/luur/download?func=downloadFile&recordOId=8980793&fileOId=8980795.

[49] LOMBORG S. Personal internet archives and ethics [J]. Research Ethics, 2013, 9 (1): 20-31.

[50] LYNCH C. The future of personal digital archiving: defining the research agendas [M] // HAWKINS D T. Personal archiving: Preserving our digital heritage. Medford, NJ: Information Today, 2013: 259-278.

[51] LYON D. Surveillance, snowden, and big data: capacities, consequences, critique [J]. Big Data & Society, 2014, 1 (2): 1-13.

[52] MARWICK A E, BOYD D. Networked privacy: how teenagers negotiate context in social media [J]. New Media & Society, 2014, 16 (7): 1051-1067.

[53] MCKEMMISH S, PIGGOTT M. Toward the archival multiverse: challenging the binary opposition of the personal and corporate archive in

modern archival theory and practice [J]. Archivaria, 2013, 76: 111-114.

[54] MCNEALY J. The privacy implications of digital preservation: social media archives and the social networks theory of privacy [J]. Elon University Law Review, 2012, 3 (2): 133-160.

[55] MEIER F, ELSWEILER D. Personal information management and social networks re-finding on Twitter[C]//ELSWEILER D, LUDWIG B. Proceedings of the 5th Information Interaction in Context Symposium. New York: Association for Computing Machinery, 2014: 339-341.

[56] MICHAEL C, NACHIAPPAN, PRADAN P, et al. Blockchain technology: beyond bitcoin [J]. Applied Innovation Review, 2016 (2): 6-19.

[57] NAKAMOTO S. Bitcoin: A Peer-to-Peer Electronic Cash System [EB/OL]. (2020-11-03)[2020-11-30]. https://www.klausnordby.com/bitcoin/Bitcoin_Whitepaper_Document_HD.pdf.

[58] NARA. Bulletin 2014-12: Guidance on managing social media [EB/OL]. (2013-10-25)[2022-05-07]. http://www.archives.gov/records-mgmt/bulletins/2014/2014-02.html.

[59] NATIONAL ARCHIVES AND RECORDS ADMINISTRATION. National Archives and Records Administration white paper on best practices for the capture of social media records[EB/OL]. (2013-06-21)[2022-02-25]. http://www.archives.gov/records-mgmt/resources/socialmediacapture.pdf.

[60] OBODORUKU B. Social networking: Information sharing, archiving and privacy[C]// BLANCHARD F., FAMELART V., LEYRER K. 24th BOBCATSSS Conference. Lyon: Enssib. 2016: 295-315.

[61] PAPACHARISSI Z, GIBSON P L. Fifteen minutes of privacy: Privacy, sociality, and publicity on social network sites[M]// TREPTE S, REINECKE L. Privacy online: Perspectives on privacy and self-disclosure in the social web. Heidelberg: Springer Berlin Heidelberg, 2011: 75-89.

[62] POSTILL J, PINK S. Social media ethnography: the digital researcher

in a messy web [J]. Media International Australia, 2012, 145 (1): 123-134.

[63] RAZMERITA L, KIRCHNER K, SUDZINA F. Personal knowledge management: the role of Web 2.0 tools for managing knowledge at individual and organisational levels [J]. Online Information Review, 2009, 33 (6): 1021-1039.

[64] RIDOLFO J, WILLIAM H-D, MICHAEL M. Balancing stakeholder needs: Archive 2.0 as community-centred design [J]. Ariadne, 2010 (63): 78-89.

[65] ROBERT W. Gehl. A cultural and political economy of Web 2.0 [D]. Virginia: George Mason University, 2010.

[66] ROLAN G. Agency in the archive: a model for participatory recordkeeping [J]. Archival Science, 2017, 17 (3): 195-225.

[67] SAMOUELIAN M. Embracing Web 2.0: archives and the newest generation of web applications [J]. The American Archivist, 2009, 72 (1): 42-71.

[68] SCHEFBECK G, SPILIOTOPOULOS D, RISSE T. The recent challenge in web archiving: Archiving the social web[EB/OL]. (2019-07-20) [2022-10-19]. https://spiliotopoulos.org/publications/Schefbeck%20et%20al.%20-%202012%20-%20The%20Recent%20Challenge%20in%20Web%20Archiving%20-%20Archiving%20the%20Social%20Web.pdf.

[69] SENÉCAL S. The effect of the web on archives [J]. Archivaria, 2005, 59: 139-152.

[70] SINN D. Archival memory on the Web: Web 2.0 technologies for collective memory [J]. Journal of the Korean BIBLIA Society for Library and Information Science, 2012, 23 (2): 45-68.

[71] SINN D, KIM S, SYN S Y. Personal digital archiving: influencing factors and challenges to practices [J]. Library Hi Tech, 2017, 35 (2): 222-239.

[72] SINN D, SYN S Y. Personal documentation on a social network site: Facebook, a collection of moments from your life?[J]. Archival Science, 2014, 14 (2): 95-124.

[73] STRECK H. Social networks and their impact on records and information management[EB/OL]. (2011-02-25)[2022-12-01]. https://armaedfoundation.org/wp-content/uploads/2021/06/Social_Networks_Impact_on_RIM_Streck.pdf.

[74] THOMSON S D, KILBRIDE W. Preserving social media: the problem of access [J]. New Review of Information Networking, 2015, 20 (1-2): 261-275.

[75] United States. Department of Defense. Department of defense dictionary of military and associated terms [M]. Washington D C: Joint Publication, 2016.

[76] VELIOS A. Creative archiving: a case study from the John Latham Archive [J]. Journal of the Society of Archivists, 2011, 32 (2): 255-271.

[77] VISCUSI G, BATINI C. Digital information asset evaluation: Characteristics and dimensions[C]//CAPORARELLO L, DI MARTINO B, MARTINEZ M. Smart organizations and smart artifacts. Cham: Springer International Publishing, 2014: 77-86.

[78] WEBER R H. The right to be forgotten: more than a Pandora's box [J]. Journal of Intellectual Property, Information Technology and Electronic Commerce Law, 2011, 2 (2): 120-130.

[79] WILLIAMS C. On the record: towards a documentation strategy [J]. Journal of the Society of Archivists, 2012, 33 (1): 23-40.

[80] WU Y. Protecting personal data in E-government: a cross-country study [J]. Government Information Quarterly, 2014, 31 (1): 150-159.

[81] YATES D, PAQUETTE S. Emergency knowledge management and social media technologies: a case study of the 2010 Haitian earthquake [J]. International Journal of Information Management, 2011, 31 (1): 6-13.

[82] YOUMANS W, YORK J. Social media and the activist toolkit: user agreements, corporate interests, and the information infrastructure of modern social movements [J]. Journal of Communication, 2012, 62 (2): 315-329.

[83] ZHANG C,SUN J,ZHU X,et al. Privacy and security for online social networks: challenges and opportunities [J]. IEEE network,2010,24 (4):13-18.

[84] ZHAO X,SALEHI N,NARANJIT S,et al. The many faces of Facebook: Experiencing social media as performance, exhibition, and personal archive[C]// BODKER S,BREWSTER S,BAUDISCH P,et al. Proceedings of the SIGCHI conference on human factors in computing systems. New York,NY,USA: Association for Computing Machinery, 2013:1-10.

[85] SCOTT J. September 2009 - January 2010 Twitter Scrape[EB/OL]. (2010-11-07)[2022-02-20]. https://archive.org/details/twitter_cikm_2010.